I0020332

Fenomenologia del programmatore

(Seconda edizione)

Luigi Morelli

Prefazione

– Beh! malgrado il destino geloso, moriamo insieme, volete?
– La proposta è strana.
– Ciò che è strano è buono. Dunque moriamo come nei Decameroni.
(P. Verlaine)

Nel ripubblicare questo testo per i lettori dei nuovi media, con un nuovo editing, qualche aggiornamento e l'aggiunta da parte dell'autore dei poscritti ai capitoli, ci siamo resi conto di quanta freschezza emani ancora questo volume che, purtroppo, la limitata distribuzione libraria della scorsa edizione ha fortemente penalizzato.

Nel panorama italiano in cui sembra non esserci via di mezzo tra pubblicazioni accademiche o continui passo-passo per eterni principianti, l'esposizione di questo libro è un a-sé-stante unico.

Luigi parla di quel professionismo informatico intriso di entusiasmo, quel tanto che c'è, c'è stato, si è perduto o rimane in una Italia in cui la Crisi, prima che economica, è culturale.

Abbandonata l'eccellenza tecnologica che aveva fatto della meccanica e dell'ingegneria italiana un vanto nazionale, lasciata crollare nel nulla l'innovatività di alcuni imprenditori che sono ormai divenuti mito per il resto del mondo e misconosciuti da noi, riusciti persino a sterilizzare il successo senza pari al mondo delle telecom, azzerati quasi del tutto gli investimenti scolastici, annullati i programmi e malgestite le occasioni innovative, l'Italia si è ricacciata indietro nella catena produttiva. Unica speranza italica, lo sfruttamento turistico, come nella Cuba post-castrista, senza neppure conservarne l'orgoglio nazionale, l'eguaglianza sociale, la parità delle possibilità per genere.

Così, mentre le braccia rubate all'informatica italica si stanno organizzando ovunque altrove, in altri Paesi come in altri settori, cosa rimane del professionismo informatico soffocato da questa classe dirigente così malaccorta?

Noi, programmatori italiani della prima leva, i cui "-anta" sono realtà da un po', abbiamo vissuto gli entusiasmi e le depressioni di questo mercato nostrano. Crediamo ancora che esista una qualcosa come "il programmatore" di cui poter studiare le fenomenologia?

1

Non lo sappiamo, in realtà. Ammettiamo la nostra ignoranza. La nostra fenomenologia è nata sull'onda di un adolescenziale innamoramento per ciò che era strano e per ciò stesso buono, come dice Verlaine. La nostra intima natura ci portava ad applicarci al campo tanto più fosse ostico e incomprensibile per il semplice piacere di "rompere il codice" e poterlo mostrare in giro.

Abbiamo programmato le cose più inusuali, talvolta abbiamo costruito cose da programmare ancora prima che qualcuno ci fornisse l'idea che si potesse farlo! Lo abbiamo fatto con le catene di bicicletta, con le molle, gli elastici, la conservazione del moto e l'inerzia. Senza sapere cosa tutto questo fosse: una rivoluzione.

No, non eravamo i bambini che facevano domande. Eravamo quelli che davano risposte a domande che nessuno ci avrebbe mai fatto. Un po' scemi, insomma, e alla soglia dell'autismo, probabilmente.

Fatti i dovuti calcoli di matematica finanziaria, considerando inflazione ed ingresso nell'Euro, quando il Commodore 64 approdò in Italia, ben carrozzato, costava quanto una utilitaria di oggi, era l'entry level dell'informatica di allora. Un computer professionale costava quanto una berlina di classe C di ora.

Se facevi il meccanico però era chiaro cosa ti si potesse chiedere, ma se eri programmatore? Oggi che esiste un computer in tutte le case ed in moltissime cose, c'è un infinita sequela di seccature che può provocare quindi, c'è sempre un antivirus da farti aggiornare, un collegamento ad Internet da velocizzare, o una rete Wi-fi da verificare, un backup da completare, un aggiornamento di firmware da lanciare. Ai "nostri tempi" il mondo comune e il PC erano distanti. Il PC, al più, si vedeva in TV. Così al più ti si poteva dire: "Tu sai usare quei cosi?"

I nativi digitali, quelli che sono giovani oggi - e neppure più troppo - il PC l'hanno trovato nel mondo come noi avevamo trovato la TV. I nativi digitali in mano hanno oggi una infinità di possibilità creative con le quali esprimere sé stessi. Strumenti che parlano la lingua di tutti, che puoi guidare scivolando con le dita su una superficie piana, pronunciando qualche parola o muovendo le braccia per l'aria. Noi no. Il mondo di allora era prettamente monodirezionale. L'informazione fruiva dall'alto verso il basso e noi eravamo in basso, molto in basso. I PC promettevano di mettere in mano di tutti gli strumenti per comunicare le proprie idee. Promettevano, ma non erano, come oggi, in grado di mantenere la promessa. Eravamo noi a dover imparare la loro lingua per poter sfruttare la loro potenza, che comunque era infinitamente inferiore a quella di oggi.

Difficile farlo capire a quelli che invariabilmente ci consideravano 'alienati' prima che alieni, ma programmare per molti di noi è stato conquistare uno spazio per comunicare, ma soprattutto per rivendicarlo agli altri, a tutti. A quelli che lo usano, e ne abusano, oggi. Qualcuno lo ha fatto per soldi, qualcuno per spirito di servizio, qualcuno per puro divertimento. Sapevamo però di essere tutti parte di una comunità, che al tempo contava i propri membri come le particelle di sodio nelle bottiglie della famosa acqua della pubblicità. Una comunità che ha costruito un proprio modo di essere, di divertirsi e di esprimersi: una cultura.

È di questa cultura che parla Luigi. Se sei un programmatore e queste cose le hai sempre sentite dentro è venuto il momento di riconoscerle leggendo questo libro. E se invece non lo sei, ma vuoi veramente conoscerli questi alieni che ormai finiscono quotidianamente sulle pagine delle riviste patinate, sono ricchi e famosi come delle rockstar, non hai che da leggerla questa "Fenomenologia del Programmatore".

Emmanuele Somma

Introduzione

Qualcuno tra voi avrà notato nel titolo di questa pubblicazione un riconoscimento parafrasato e personale ad un ben più famoso articolo di Umberto Eco apparso nel suo "Diari minimi", "Fenomenologia di Mike Bongiorno".

L'articolo metteva in risalto con buona dose di umorismo, sagacia e spirito d'osservazione le novità caratteristiche introdotte dai programmi televisivi di massa e le notevoli capacità istrioniche del nostro Mike, in grado di creare un caso sociale che per più di mezzo secolo si è ripercosso all'interno della penisola italiana e talvolta persino al di fuori. A onor del vero devo confessare di aver guardato per curiosità alcuni telequiz statunitensi; ammetto con rispetto il profondo studio psicologico operato dal nostro bravo presentatore sugli aspetti comportamentali ed interpretativi legati alla figura del conduttore televisivo americano, e le notevoli doti di espressione di Eco nel riprodurre le sfumature sottili e stridenti connesse all'introduzione di tale figura in un contesto vergine come la televisione italiana di allora. Queste riflessioni mi hanno portato a concepire l'idea di uno studio tanto originale quanto attuale: mentre infatti gli scaffali delle librerie pullulano di pubblicazioni inerenti la vita di chat, le Internet Communities, le barzellette sul Web e la Net Economy, nessuno a tutt'oggi ha ancora preso in considerazione la figura cardine sulla quale la rivoluzione di Internet si basa: il programmatore.

Definito di volta in volta "mago del computer", "alienato", "cinico", "profittatore", "straccione maleodorante", quel programmatore che una volta costituiva una casta onorata e rispettata tra gli specialisti in camice bianco appare oggi spesso bistrattato, sfruttato e spinto sempre più spesso verso un'esistenza borderline. Ma chi o cosa è realmente il programmatore, da cosa lo si riconosce, qual è il suo comportamento, e in che tipo di ambiente è costretto a vivere? In "Fenomenologia del programmatore" si cercherà di dar risposta a queste ed a numerose altre domande, presentando il settore dell'Information Technology visto dall'interno e tentando di spiegare le ragioni per le quali il comportamento del programmatore appaia così particolare. Si tenterà in ogni modo di rendere la lettura piana e scorrevole, evitando fin dove possibile il ricorso ad orribili neologismi ed a parole tanto difficili quanto spesso vuote di significato, per dimostrare come anche quella branca di realtà guardata di traverso e definita Informatica presenti numerose caratteristiche "umane".

Il testo è suddiviso in brevi capitoli, articoli che prendono di volta in volta in esame l'ambiente, il contesto della realtà informatica nella quale il programmatore vive, ma si compone anche di improvvise "zampate" ironiche che raccontano casi particolari, cronaca attuale e peripezie in cui il programmatore svolge in genere il ruolo di protagonista, ma spesso anche quello di antagonista e di vittima. Ciascun capitolo costituisce un frammento a sé stante e può essere letto con senso compiuto separatamente dagli altri, ma solo la lettura dell'intera serie, nella sua completezza, permette di visualizzare una realtà spesso ignorata e di comprenderne appieno i dettagli funzionali: niente filosofia o psicologia spicciola, quindi, piuttosto una cronaca dettagliata da gustare con un sorriso talvolta triste ma comunque sempre presente sulle labbra. Si parla di programmatori, ma in fondo si legge anche di noi stessi.

I. Il mestiere più antico del mondo

L'informatica rappresenta oramai una parola magica, perseguita da molti, adorata da tutti coloro che in qualche modo si ritengono à la page. Tuttavia nessuno come "lo sporco informatico" viene malvisto, additato, biasimato, solleticato, chiacchierato e condannato: i Matematici lo ignorano, i Fisici lo boicottano, gli Ingegneri lo considerano un gradino sotto di loro, i Sociologi lo sottovalutano, gli Economisti lo sfruttano, gli Avvocati lo temono e lo odiano. Persino i Biologi ne guardano con sospetto i successi nell'Intelligenza Artificiale e negli automi cellulari.

Paria delle macchine

Altro che 1984 di Orwell, altro che Grande Fratello! L'Informatico, lungi dall'essere considerato importante, o finanche intelligente e degno di vita propria, è da sempre associato al proprio lavoro, al proprio pezzo di hardware e software. Vogliamo un esempio?

Basta viaggiare per qualche tempo su Internet ed incrociare il giusto flusso di informazioni.

Di seguito riporto una breve lista descrittiva tratta dalla Rete. Vediamo in quanti di voi capiranno a cosa mi riferisco...

- Lavori a degli orari bizzarri
- Sei pagato per rendere felice il tuo cliente
- Il tuo cliente paga tanto, ma è il tuo padrone che intasca
- Sei pagato all'ora, ma i tuoi orari arrivano fino a quando il lavoro è finito
- Anche se sei bravo, non sei mai fiero di quello che fai

- Sei ricompensato se soddisfi le fantasie del cliente
- Ti è difficile avere e mantenere una famiglia
- Quando ti domandano in che cosa consiste il tuo lavoro, tu non puoi spiegarlo
- I tuoi amici si allontanano da te e resti solo con gente del tuo tipo
- È il cliente che paga l'hotel e le ore di lavoro
- Il tuo padrone ha una gran bella macchina
- Quando vai in "missione" da un cliente, arrivi con un gran sorriso
- Ma quando è finito, sei di cattivo umore
- Per valutare le tue capacità ti sottopongono a dei terribili test
- Il cliente vuole pagare sempre meno e tu devi fare delle meraviglie
- Quando ti alzi dal letto dici "Non posso fare questo per tutta la vita"

Una vita all'insegna della vendita di se stessi?

Va bene, lo ammetto... ho esagerato un poco. Ma solo per mettere in risalto il livello di sfruttamento (questo sì) del genere. Non so se ci sia differenza tra lo sfruttare il proprio corpo o il proprio cervello come mezzo di scambio e sussistenza, né voglio in questo luogo discuterne i risvolti etici o morali; quel che noto sempre più spesso è la quasi totale mancanza di riconoscenza per chi decide di dedicare le proprie capacità più o meno evidenti ad una causa giusta: quella della propria sopravvivenza attraverso la soddisfazione delle necessità altrui.

E chiedere, magari sommessamente ma con decisione, che venga universalmente riconosciuto lo status di Homo Informaticus, con la conseguente accettazione dei diritti-doveri della categoria e l'utilizzo di corsi di formazione, seminari di approfondimento ed altro cibo spirituale per coloro che, decidendo di accettarne lo statuto, accetteranno di accedere alla professione più antica del mondo: l'imprenditore di se stesso.

Poscritto

Sono passati 10 anni dalla prima stesura del capitolo, e la situazione è ulteriormente precipitata.

I risvolti etici e morali dell'Informatico Quadratico Medio sono ulteriormente stati messi in discussione, ed un lungo, disperato periodo di crisi economica, politica e produttiva ha reso il contesto agghiacciante: molti individui che avevano scommesso sul proprio percorso di crescita professionale hanno scoperto di aver gettato gli studi alle ortiche, coloro che avevano faticosamente raggiunto una posizione di rilievo hanno dovuto scendere a compromessi, il livellamento dei salari verso il basso ha reso il salario orario di un informatico circa la meta' di quello di una badante(ma con inferiore potere contrattuale), e un incredibile numero di aziende specializzate nella IT ha chiuso i battenti.

I grandi enti offrono contratti al ribasso, ed I fornitori, pur di lavorare, accettano, tagliando la remunerazione dei propri dipendenti, scegliendo spesso ragazzi volenterosi alla prima esperienza lavorativa ed eliminando dall'organigramma il personale più anziano e costoso, costringendolo a rimodulare le proprie richieste o a lasciare l'azienda.

L'*Homo Informaticus* per antonomasia si è trasformato in *Homo Inabilis*. Con buona pace del progresso.

II. Informatica è Scienza?

"Nel corso della sua storia l'Uomo ha sviluppato grandi idee, ma queste non durano se non vengono di proposito trasmesse con chiarezza da una generazione all'altra" (Richard P. Feynman)

Un sole caldo e giovane tingeva di rosso il cielo circostante, abbassandosi sul magma ribollente; magari in profondità nascoste del sottosuolo i primi batteri estremofili (ultimi avamposti genetici di una civiltà oramai distrutta da migliaia di anni) combattevano pazientemente la loro lunga guerra contro l'estinzione. Questo, secondo alcune correnti, il panorama violento e avventuroso che si presentava sul nostro pianeta all'inizio della sua storia. Ed è in questo momento geologico che il filosofo Daniel Dennett pone le basi che porteranno alla dissezione del concetto di scienza.

Si è spesso portati a pensare che la storia del pensiero scientifico crei i presupposti prettamente umanistici della propria esistenza nel periodo della storia antica, caratterizzato dai confronti-scontri tra filosofia e retorica, tra pragmatici e sofisti, tra purezza sintattica e correttezza semantica. In quel periodo di sicuro vennero isolati numerosi strumenti decisamente utili alla diffusione delle idee, e lo stesso Schopenhauer, nel suo manuale "L'arte di ottenere ragione esposta in 38 stratagemmi", ne tesse le lodi eleggendo la dialettica eristica come massima sintesi per pilotare e modellare la logica senza snaturarne la robustezza etica. Un esempio insomma di come piegare la realtà ai propri interessi. Dai fasti dell'antica Grecia la Scienza subisce ripetutamente gli attacchi della Metafisica, sino a giungere al periodo buio del Medioevo. La rottura tra teologia ed empirismo permise fortunatamente al pensiero dell'uomo di trovare nuove vie di sviluppo meno vincolanti, tanto da consentire una rinascita delle arti, ma soprattutto di quella scienza pratica che ne rappresenta così vivacemente il periodo.

Riappropriazione del concetto di curiosità e creazione di nuove esigenze portano allo sviluppo intellettuale ed industriale dell'Occidente, sino alla successiva crisi dei valori del XX secolo; poi il concetto di relatività nella fisica, nella logica e nella filosofia, ed infine l'avvento di un'idea strisciante, sensuale e nichilista composta di una realtà al di fuori della nostra portata, eppure perfettamente descrivibile da modelli matematici complessi ed illogici.

Ma occorre davvero venir fuori da questo apparente vicolo cieco in cui l'unico modo per accettare la realtà è negarne la descrizione sensibile, euristica, scientifica?

Alla ricerca del contatto perduto

"Stranamente", ci racconta Feynman, "molti non credono che nella scienza ci sia posto per la fantasia... una fantasia diversa da quella dell'artista, e che consiste nel cercare di immaginare qualcosa che mai a nessuno è venuto in mente". Ecco dunque le sue teorie sull'elettrodinamica quantistica, quella sul gene egoista di Richard Dawking, e le applicazioni dei frattali in medicina e geologia: veri e propri salti quantici nel percorso apparentemente continuo della storia della scienza. Eppure l'idea stessa di discontinuità viene da noi applicata quotidianamente nella vita reale: quando cerchiamo di valutare le conseguenze di un comportamento o le possibilità a favore di un evento, e persino quando cerchiamo di avviarci ad un appuntamento con cinque minuti di anticipo "per non rischiare di trovar traffico ed arrivare tardi", non facciamo altro che applicare questo modello previsionale discreto ed incerto ad una situazione apparentemente oggettiva, contando sul fatto che la nostra interazione con l'evento stesso non ne modifichi lo svolgimento.

Il valore di un modello consiste nell'affidabilità delle sue predizioni, ma la valutazione delle predizioni esula dagli scopi del modello: ecco quindi che ci troviamo di nuovo soli con noi stessi, alla ricerca di una precisione che tuttavia non accettiamo se non appartiene alla nostra sfera sensibile. L'intellettuale polacco Stanislaw Lem porta questo senso di incomunicabilità alle estreme conseguenze ipotizzando un incontro tra i terrestri ed una cultura aliena basandosi sui concetti espressi da Dennett sull'impossibilità di concepire sensazioni che non possiamo sperimentare fisicamente. E nello stesso periodo, con l'avvento dei calcolatori elettronici, ci siamo trovati a ripercorrere fedelmente lo stesso dualistico cammino drammaticamente percorso dalla storia negli ultimi 5000 anni, da un lato cercando di ricreare modelli matematici sempre più avanzati e perfetti per trovare risposte antiche, dall'altro tentando di imitare/emulare il comportamento dell'uomo su un computer per trovare un aiuto a capire noi stessi.

Cos'è l'intelligenza?

Negli ultimi ottant'anni questa domanda è risuonata spesso nelle aule semivuote e nelle teste altrettanto ricche di eco nascoste degli studiosi. Inizialmente si pensava che avesse comportamento intelligente l'individuo in grado di prendere decisioni in base a ragionamenti logici. Poi è intervenuto Kurt Gödel e dal 1936 la logica si è trovata d'un tratto priva delle fondamenta. Allora si tese a credere che un comportamento che spingesse all'autodifesa fosse intelligente, ma fu una catastrofe, in quanto anche gli animali (tranne rare eccezioni come i Lemming e in alcuni casi l'Uomo stesso) possiedono questa facoltà ma non l'intelligenza. I virus sono intelligenti? No di certo, tuttavia riescono spesso a garantirsi la sopravvivenza... e ricordiamo ciò che disse il "cattivo" nel film Matrix: "Vorrei condividere con te una rivelazione che ho avuto durante la mia permanenza qui [sulla Terra].

Me ne accorsi quando tentai di classificare la vostra specie, e compresi che non eravate affatto mammiferi. Ogni mammifero, sulla Terra, sviluppa istintivamente un equilibrio naturale con l'ambiente che lo circonda, ma voi umani no. Vi spostate in una zona, vi moltiplicate, vi moltiplicate, sin quando ogni risorsa naturale è terminata. L'unica maniera in cui riuscite a sopravvivere allora è spostarvi in un'altra area. Bene, esiste un altro organismo, su questo pianeta, che segue questo medesimo schema. È il virus. Gli esseri umani sono una malattia, un cancro per questo pianeta; voi siete una piaga, noi la cura". L'Uomo potrebbe dunque essere un virus, o magari un retrovirus, un segmento modificato di RNA che per garantirsi la sopravvivenza ha creato, in millenni di evoluzione, il "sistema uomo" per potersi riprodurre nella piena supremazia del pianeta (Richard Dawking, Il gene egoista).

Ma torniamo a noi, ed alla nostra definizione dell'intelligenza. Può il computer aiutarci in questa continua ricerca, o assume la stessa funzione della lanterna che Diogene portava sempre con sé quando cercava l'uomo? In realtà la domanda appare mal formulata, almeno quanto l'affermazione che la matita di Einstein avesse avuto lo scopo di permettergli la composizione della Teoria della Relatività. Il computer è una matita, uno strumento particolarmente sofisticato ed utile per controllare un ragionamento che a monte dovrebbe tuttavia già esistere. Più o meno. Torneremo su questo argomento e sulle sue eccezioni tra un istante.

Il genio spesso incompreso di Alan Turing elaborò un metodo per constatare se una macchina fosse o meno intelligente sino al punto di acquisire autocoscienza. Il test è concettualmente molto semplice: un individuo si trova di fronte ad una tastiera, attraverso la quale può colloquiare con due entità in stanze attigue. Una di esse è umana, l'altra è un computer opportunamente programmato; se dopo un certo periodo di tempo in cui ha posto diverse domande l'individuo non riesce a distinguere quale dei due interlocutori sia l'uomo e quale la macchina, si dice che la macchina ha passato il Test di Turing.

Sinora nessun programma su nessun calcolatore ha mai passato questo test, a dimostrazione di come sia difficile programmare un sistema in grado di "fingersi umano". Domenico Parisi scrisse qualche tempo fa che ciò che poteva distinguere

l'intelligenza è la coscienza del sé, la capacità di parlare in termini di proprie
sensazioni fisiche collegate a concetti astratti come bello, brutto, piacevole o doloroso.
In realtà è già oggi possibile disporre di interfacce biometriche collegate a sensori
che simulino il dolore attraverso brevi e intense scariche di corrente nei circuiti di
un controllore elettronico, e disegnare un software in grado di apprendere dai propri
errori, tuttavia...

La vita è errare con coscienza

Sull'onda del successo e della notorietà acquisiti dal Test di Turing vennero sviluppati numerosi programmi di simulazione come Eliza o Parry, ma la vera svolta si ebbe
quando si diede all'elaboratore la possibilità di "cercare" all'interno del campo delle
possibilità quelle che fossero logicamente vere ed attendibili. Se la pur breve storia
dell'Informatica annovera successi eclatanti come il programma che avuti in pasto
determinati assiomi di logica matematica "dedusse" a suon di forza bruta un paio
di teoremi inediti, e di un terzo già noto propose un nuovo elegantissimo enunciato,
tuttavia oggi si tende a considerare la cosiddetta ricerca sull'Intelligenza Artificiale
come un concetto dotato di un'importanza notevolmente ridimensionata: la palla
virtuale sull'origine dell'intelligenza torna ai neurofisiologi, lasciando i cognitivisti e
le loro teorie sulla coscienza artificiale con un importante capitolo della storia della
scienza sviluppato solo parzialmente, sull'onda dell'eccitazione momentanea, ma con
un lungo cammino ancora da percorrere.

Negli anni Novanta girava la battuta seguente: "Anziché dedicarsi all'intelligenza
artificiale, conviene preoccuparsi della stupidità naturale"... E forse si tratta di un
monito valido ancor oggi. Ma se l'Intelligenza Artificiale si è dimostrata una chimera,
un traguardo troppo ostico e lontano da raggiungere al livello delle nostre attuali
conoscenze scientifiche, questo non significa che l'Informatica sia tagliata fuori dai
giochi per lo sviluppo scientifico. Abbiamo sinora illustrato ciò che non è la scienza:
non è uno strumento di valutazione etico, non rappresenta la panacea per tutte le
ricerche, ma ha un metodo di progressione che trova la propria forza nel polimorfismo,
nella capacità di indicare nuovi significati quando la realtà attuale è apparentemente
in contrasto con le cifre. È un sistema per esprimere la propria fantasia ed il proprio
coraggio. Tutte queste qualità sono possedute anche dalla scienza dell'Informazione.
Se riusciremo a dimostrare che vale una relazione biunivoca, cioè che il metodo
scientifico può applicarsi all'Informatica, e che i risultati dell'Informatica possono
rientrare tutti senza alcuna eccezione nel Gruppo costituito dalla scienza, allora
potremo rispondere definitivamente alla domanda centrale dell'articolo.

Penso, dunque non ho accesso al livello in cui sommo

Abbiamo visto che una delle cause principali del fallimento delle ricerche sull'Intelligenza Artificiale è stata l'incapacità di rappresentare a livello di logica matematica i

concetti umani astratti. Ma questo significa semplicemente una cosa: quando prendo due pere e due mele (anche se alle elementari mi hanno sempre spiegato che non si possono sommare tra loro) sono cosciente di avere quattro oggetti: il mio cervello è in grado di rappresentare il concetto semantico di somma anche se personalmente non ho coscienza di quali neuroni cerebrali siano intervenuti nel complesso calcolo rappresentativo.

Bene, cosa cambia se anziché utilizzare una sinapsi nervosa utilizzo un chip di silicio, quando alla fine del ragionamento "scientifico" il risultato è il medesimo? Se considero il cervello come una sorta di "scatola nera" nella quale sono in grado di eseguire collegamenti concettuali nascosti, e riuscissi ad avere la medesima funzione di trasferimento dell'informazione attraverso un computer, non mi interesserebbe minimamente il "perché" avvenga questo trasferimento: avrei semplicemente ottenuto in entrambi i casi da una serie di dati in ingresso una nuova fornitura di informazioni elaborate in uscita.

Disumanizzando il processo neurofisiologico del pensiero siamo paradossalmente riusciti ad umanizzare l'uso del computer. Se il nostro cervello è capace di ragionamenti scientifici, ed un computer è in grado di riprodurne i calcoli, allora il computer (e l'Informatica per estensione) può essere considerato strumento di Scienza in quanto in grado di mostrare nei risultati un'elaborazione paragonabile.

La domanda semmai si porrebbe sul processo emotivo, misto di curiosità, volontà e spirito di avventura che spinge l'Uomo verso la conoscenza, ma questo, come abbiamo visto, è patrimonio dell'Uomo e non della Scienza; ci si potrebbe chiedere se un ragionamento del genere, considerare cioè il cervello come macchina elaborativa, ed emularne le capacità di trasformazione delle nostre informazioni a livello elettromeccanico, sia etico: ma questa, di nuovo, è una domanda ascientifica, in quanto la scienza ha il compito di offrire risultati e non di valutarne le valenze morali.

Io vivo sempre senza risposte

L'Informatica risulta quindi, dopo questa superficiale analisi, promossa su tutti i fronti, ed è plausibile farla rientrare con il nome ben più altisonante di Scienza dell'Informazione nel novero delle scienze esatte, non tanto e non solo perché a livello di studio e produzione di algoritmi segue un metodo scientifico, né a causa delle sue strette interazioni con la logica matematica o l'elettronica: l'Informatica può essere a tutti gli effetti considerata una Scienza poiché offre e si compone di strumenti unici e nuovi per indagare con metodo e curiosità tra le pieghe della Realtà sensibile e dell'interazione umana con essa. In chiusura un'ultima riflessione di Richard Feynman, una personalità illuminante nel campo della fisica e della filosofia, un gran comunicatore oltre che uno scienziato ironico, degno del Premio Nobel; soprattutto un uomo che ha fatto delle sue paure la sua forza principale, e che ha trasformato il modo di vedere e concepire la realtà per adattarlo al suo modello di calcolo che la rappresentava in modo più completo, benché apparentemente più assurdo. Così come assurdo potrebbe sembrare ad una prima lettura questo capitolo, in apparenza completamente sbagliato, ma degno comunque di un dubbio e di una riflessione, elementi che indicano da sempre un ragionamento logico e scientifico. "Io vivo sempre senza risposte. È facile. Quello che voglio sapere è come si arriva alla conoscenza. È proprio questa libertà di dubitare ad essere fondamentale nella scienza e, credo, in altri campi".

Poscritto

L'informatica, dunque, è scienza: in quanto propulsore della curiosità nella ricerca spinge l'Uomo verso nuovi lidi del sapere, in quanto logica applicata perfeziona gli algoritmi della conoscenza, in quanto modello della realtà consente una rappresentazione coerente e non contraddittoria delle modalità di previsione.

Tuttavia l'Informatica è anche strumento inerme nelle mani dell'Uomo; non basta avere accesso al "cosa si può ottenere", occorre capire anche "come applicarlo". Il genio visionario di Feynmann lo aveva compreso, esortando la razza umana ad applicare scienza e fantasia in un tentativo estremo di unificazione di tecnica e umanesimo, vivendo il proprio sogno in prima persona come esempio della sua realizzabilità. Ma per ogni Feynmann esistono milioni di sedicenti scienziati e imprenditori per i quali simili concetti non sono mai stati affrontati.

L'informatica è scienza per definizione, mentre l'uomo diviene scienziato solo per scelta, cultura e dedizione.

Bibliografia

1. Giulio Preti, "Storia del pensiero scientifico", Oscar Mondatori, 1975
2. Richard P. Feynman, "Il senso delle cose", Adelphi, 1999 ISBN 88-459-1463-1
3. Douglas R. Hofstadter, "Gödel, Escher, Bach", Adelphi, 1990 ISBN 88-459-0755-4
4. Daniel Dennett, "La mente e le menti", Bibl. Scientifica Sansoni 1997, ISBN 88-383-1726-7
5. D. Hofstadter, D. Dennett, "L'Io della mente", Adelphi, 1985
6. AA.VV. (a cura di R.Viale), "Mente umana, mente artificiale", Feltrinelli 1989, ISBN 88-07-10123-8

III. Realtà virtuali?

Viaggio allucinante là dove nessuno è mai giunto prima

L'Uomo è incapace di vivere senza fantasia.

Da tempo immemorabile i racconti dei nostri progenitori si spingono lontano, a narrare di terre inesplorate, abitate da creature fantastiche, e di eroi dotati di poteri segreti che combattevano per la libertà e l'orgoglio della propria razza. La mitologia, l'epica delle grandi avventure umane si rinnova e si ritrova, sovente comune nei passaggi, in numerose culture antidiluviane. Da sempre, in altre parole, abbiamo cercato di immaginare e di sognare un futuro diverso, nel quale interagire a nostro favore e costruire qualcosa di grande e di maestoso. E di raccontarlo alle generazioni successive come speranza di un futuro migliore.

La fantasia cambia vesti

L'incalzare delle epoche ha prodotto successivamente una sorta di trasfigurazione nell'aspetto e nella descrizione di queste fantasie: a dei, giganti ed eroi si sono sostituiti di volta in volta prima tiranni, esploratori ed artisti, poi in una sorta di macabro ritorno alle origini sono apparse le macchine onnipotenti, gli imperi finanziari mondiali alla loro guida, e sopra tutto e tutti, un immenso reticolo di informazione distorta e pilotata, con eserciti di golem senza sensibilità o volontà, pronti a scatenarsi contro chiunque tentasse di modificare un sistema che per quanto artificiale e sintetico, appare come l'unico possibile. Roba da fantascienza...

Questa è scienza, non fantascienza!

Se tuttavia Jules Verne è apparso nel panorama della fantascienza (che io preferisco definire visionaria, alternativa interpretazione della storia, riportandola quindi a disciplina tanto scientifica quanto umanistica) come colui che teorizzò il viaggio verso la Luna con maggior cura per i dettagli, ed Orwell preconizzò un mondo dominato dal Grande Fratello per molti versi non dissimile da quello nel quale stiamo vivendo, nessuno scrittore è riuscito nell'impresa di cogliere esattamente la situazione storica attuale; una situazione in cui nevrosi tipiche di atmosfere cyberpunk vengono ricreate in un ambiente lindo ed apparentemente disteso di graziose cittadine di periferia grazie alla (defunta?) new Economy, mentre all'interno di colossi industriali si scatenano sostituzioni di persona degne del film "l'invasione degli ultracorpi", dove gli alieni non sono rappresentati da esseri di un altro sistema solare, bensì da uomini di un altro sistema economico.

Persino Philip Dick, lo scrittore che forse per primo dopo Sigmund Freud utilizzò gli stati alterati di coscienza come argomento per una autobiografia, si troverebbe a disagio a riconoscere un senso comune e coerente nell'odierna esistenza, mentre le catastrofi immaginate da James Ballard impallidiscono di fronte agli orrori reali descritti con dovizia di particolari e bugie dai nostri Media. Non esistono robot positronici, non esiste viaggio a curvatura, non esiste impero galattico per noi.

Seduti di fronte ad un monitor che nessuno scrittore aveva potuto immaginare così permeante subiamo passivamente il quotidiano plagio che ci convince della necessità di avere, di acquistare, di apprendere, mentre appendici che non ricordano lontanamente le classiche interfacce biometriche (palmari, cellulari, microlettori portatili, registratori digitali) ci costringono a tenere a mente migliaia di specifiche di funzionamento inutili.

E mentre aspettiamo con ansia le prime appendici erotogene sognando paradisi sintetici, il velo della nostra realtà si attenua e scolorisce in una tinta pallida e virtuale.

Poscritto

Ero stato ottimista.

La pervasività dei social networks ha consentito di esprimere punti di vista distorti della realtà a chiunque avesse accesso ad un blog. La diffusione della condivisione dei concetti attraverso la votazione dei post (i classici "like") è assurta a razionalizzazione e verificazione dell'idea espressa: non puoi sbagliare se tante persone la pensano come te…

Quel che è mancato, invece, è il concetto di riscontro, di validazione scientifica: non basta che l'idea "piaccia", occorre che sia reale e praticamente realizzabile senza ledere diritti e doveri della comunità.

Chiunque vorrebbe ad esempio un milione di euro, ma se tutti avessero un milione di euro, il potere di acquisto relativo risulterebbe diminuito della stessa quantità e risulterebbe inutile.

Chiunque vorrebbe credere in una razza aliena benevola che ci guida in segreto verso il progresso equilibrato, e considererebbe coloro che si oppongono come rappresentanti di una razza malvagia con lo scopo di distruggerci. Religione, politica, biologia, sono frammenti di una realtà che viene costantemente distillata e travisata, schegge impazzite che, prese ad una ad una rappresentano la realizzazione di un sogno, ma che poi non consentono di assemblare alcun quadro completo.

Non abbiamo più una realtà univoca che scolorisce dietro ad un velo di travisazioni, abbiamo solo una sconnessa serie di concetti astratti, avulsi dall'oggettività di un'esistenza che si trasforma sempre più velocemente in una immagine che non rappresenta nulla.

IV. Scienza e...fantascienza

"Fatti non foste a viver come bruti – ma per seguir virtute e conoscenza"

Succede.

Talvolta alla sera si tira tardi, per divertirsi, leggere, ballare o, come nel mio caso, scrivere. E l'aria fresca e autunnale della prima mattina, dolce come una canzone muta, ci porta a poltrire qualche minuto in più nel morbido ed accogliente tepore delle coltri. Mi trovavo per l'appunto in queste idilliache condizioni, quando lo squillo maldestro del mio telefono mi ripropose bruscamente una realtà tutt'altro che accondiscendente.

"Buongiorno, signor Luigi Morelli" e qui d'improvviso un brivido: l'interlocutore sta leggendo il mio nome da una lista d'indirizzi! Cosa avrò vinto stavolta? Un viaggio premio da sfruttare solo dopo l'acquisto di mille metri quadri di terreno improduttivo in Alaska? Una bicicletta senza manubrio e senza pedali, sponsorizzata dalla società contro gli incidenti ai pedoni? Una raccolta in dodici volumi sulle proprietà terapeutiche delle piante, da ritirare solo dopo una (generosa) offerta alla casa di riposo per canguri abbandonati? Nulla di tutto questo. Mi trovo al cospetto nientepopodimenoché della DOXA! "Buongiorno, Signor Morelli, sono Anna" ed io pronto come un cobra: "Ah, si capisco, lei è Anna Doxa..." cercando in tutti i modi di renderle la vita un po' meno facile mentre tento di aprire un occhio e di alzarmi a sedere sul materasso. Cosa vorranno adesso? "Siamo stati incaricati da una società nazionale per le telecomunicazioni" (scandisce bene le prime sette lettere dell'ultima parola), "spero lei non si dispiaccia se le pongo qualche domanda..." Dispiacermi io? Ma figuriamoci! Non aspettavo che di iniziare la mia giornata lavorativa con un'intervista inutile... "Lei ha in programma di acquistare servizi ISDN a breve? Oddio, no, questa domanda dovevo fargliela alla fine! Aspetti... Ah, si, lei ha ricevuto una busta rossa e bianca ultimamente?" Sorrido. Ricevo almeno cinque buste al giorno, senza contare la pubblicità indesiderata, le newsletter, le riviste e le cartoline natalizie. Dopo un'altra serie di domande bizzarre (altro che settimanale di enigmistica...) ecco la richiesta d'obbligo: "Lei usa Internet?" Le faccio notare che le ho già risposto di essere un consulente informatico, di lavorare nel campo dei computer da oltre venti anni, che i miei hobby sono legati alla musica elettronica, che collaboro per diverse testate del settore, che... Inutile. Mi sembra il classico "A domanda risponde", solo che non posso rispondere quel che penso, perché tale opzione non è contemplata nei moduli. "Sì", ammetto, "mi capita sovente di usare Internet" "E da quanto, signor Morelli?" "Direi che le mie prime scorribande telematiche risalgono ai tempi di Altos e QSD, intorno al 1988..."

Silenzio...

"Pronto?"

"Ma... signor Morelli, mi sta prendendo in giro? Io credevo che Internet fosse nata due anni fa!"

Ora sono io a riflettere. Una società di telecomunicazioni, con le prime sette lettere ben scandite, impegna una altrettanto blasonata società specializzata in "pareri" e ricerche di mercato, e nessun responsabile dei due gruppi dirigenti pensa di compiere un briefing sul personale, se non altro per far loro capire di cosa stiano parlando.

"Ma si, ci hanno fatto un briefing per spiegarci cosa dovessimo chiedere", mi confida Anna che, nel frattempo, dopo 90 minuti al telefono, è divenuta mia amica, "ma riguardava solo i prodotti per i quali ci si chiedeva di testare l'opinione pubblica." Evidentemente per loro Internet è esclusivamente un veicolo commerciale, la classica "mucca da mungere" finché è possibile.

Ma ciò che maggiormente mi ha colpito di tutta la questione è che di continuo si parli di Internet dando per scontato che altri conoscano ciò di cui si sta parlando, devolvendo loro la responsabilità di capire. Capire ciò che si sta facendo, chiedersi il perché delle proprie azioni, è alla base di ogni tipo di analisi, e ogni serio programmatore dovrebbe averlo ben chiaro in mente. Gli esempi non sono altro che un'estrapolazione della realtà, che in quanto tale difficilmente trova riscontro nella vita di tutti i giorni: pertanto, applicare un esempio significa esclusivamente riuscire ad evitare di utilizzarlo così com'è, renderlo un framework sul quale costruire il proprio concetto di realtà.

"Il genio è per il 5% ispirazione, e per il 95% traspirazione": occorre faticare per avere risultati, ma questo porta ad un arricchimento professionale e psicologico altrimenti non raggiungibile. E quindi?

Quindi invito tutti i lettori che abbiano idee proprie, chiare e distinte (Anna compresa), ad esporle senza timore davanti all'ignoranza manifesta di gruppi di sedicenti "informatori" che probabilmente confondono il termine "informazione" con "oggetto che provoca l'attenzione". Se infatti l'informazione provoca sempre l'attenzione, non sempre l'attenzione viene provocata da una informazione...

Poscritto

Sono stato preso troppo sul serio... a metà.

Ciò che è accaduto nel frattempo è stata la proliferazione di dati, notizie e concetti pubblicati attraverso il veicolo della Rete.

Ciò che invece non è accaduto, è che tale proliferazione non poggia sull'applicazione estensiva di idee chiare e distinte, e non utilizza concetti di coerenza e non contraddizione caratteristici del pensiero scientifico.

Risultato: il rumore di fondo del Web è aumentato, la sua informazione caratteristica è diminuita.

V. Come riconoscere l'Intelligenza Artificiale

Due cose, si dice, sono infinite: l'Universo e la stupidità. Ma della prima non sono sicuro.

Può apparire controverso iniziare la trattazione di un argomento così ricco e profondo, denso di significati e di prospettive future con una banale battuta umoristica. In realtà invece l'umorismo rappresenta una delle caratteristiche più effimere e sfuggenti dell'intelletto umano: si basa infatti su una serie di presupposti ben noti al comico ed allo psicologo, ma di difficile definizione: l'attesa, il senso comune, l'imprevisto, il grottesco, l'assurdità, l'illogicità.

A complicare il tutto intervengono i metaconcetti, ossia le strutture che consentono di interpretare un quadro od una situazione a diversi livelli di logica e di verità. Come appare subito chiaro, creare una battuta significa tessere una infrastruttura apparentemente normale, con situazioni e personaggi di tutti i giorni, e farli agire in modo equilibrato per poi rompere di colpo l'immagine con un'azione apparentemente fuori dagli schemi, ma che può essere interpretata in modi diversi, uno dei quali porta ad un assurdità talmente grottesca o impossibile, magari ad un gioco di parole, tale da scatenare una reazione emotiva nell'ascoltatore.

Non c'è da stupirsi se nell'universo fantascientifico del XXIV secolo gli sceneggiatori di Star Trek si trovino ancora alle prese con questo annoso problema: Data, l'androide senziente e logico della Next Generation, è in grado di compiere calcoli matematici e logici velocissimi, ma è assolutamente inerme di fronte alle barzellette che gli vengono di volta in volta raccontate dai membri dell'Enterprise. Ha un cervello assolutamente originale e logicamente perfetto, ma (o forse proprio per questo) non riesce a capire da dove scaturisca l'ilarità dei suoi compagni di viaggio.

A tale scopo progetta un "chip emozionale" che però risulta nella maggior parte dei casi un ostacolo. Per quale motivo? Perché la logica e la razionalità a stati binari (vero o falso) non consentono una corretta analisi delle situazioni di tutti i giorni, in quanto al variare di un solo parametro l'intero sistema decisionale inizia ad auto-oscillare.

Tautologie e passato prossimo

Si è spesso affermato che definire l'intelligenza in funzione di se stessa sia una tautologia: occorre uscire dal contesto e dichiarare una nuova struttura semantica per riuscire a venirne a capo senza incappare nella creazione di definizioni ricorsive; se ciò vi suona familiare, non stupitevi: lo abbiamo appena spiegato nel paragrafo precedente!

In altre parole i requisiti per definire l'"intelligenza" umana sono gli stessi necessari per poter creare e comprendere l'umorismo. Bene lo aveva compreso l'inglese Douglas Adams, scrittore di fantascienza e patito di personal computer quando aveva creato personaggi come il calcolatore Pensiero Profondo, che dopo milioni di anni di preparazione produsse una risposta burla ai propri creatori, o Marvin l'androide ipocondriaco e paranoico, malfunzionante e triste a causa della sua mancanza di senso ironico: per avere un approccio paritario con lo studio dell'intelligenza occorre quindi paradossalmente essere in grado di apprezzare risultati illogici e riuscire a riderci sopra.

Questo in parte spiega come mai nei passati cinquant'anni di storia dell'Intelligenza Artificiale (che di qui in avanti definiremo per comodità IA) i risultati siano apparsi sempre un po' contraddittori e dualistici: gli studi effettuati si basavano sul significato meccanico della costituzione del cervello e sulle ragioni psicologiche che portavano a comportamenti intelligenti; nell'uno e nell'altro studio mancava "qualcosa" di profondo ed imprescindibile, la ricerca dell'emozione umana senza la quale difficilmente un costrutto logico o biologico risulta in grado di reagire agli stimoli esterni.

Nascita del pensiero cosciente

Sin dal medioevo si discute filosoficamente della coscienza e della sua caratteristica di poter essere percepita. Si diceva ad esempio che "Dio è il pensiero del pensiero" e questo concetto inasprì il disastroso dualismo corpo-anima che tendiamo a portarci ancora dietro ai giorni nostri.

Il concetto di res cogitans viene mirabilmente espresso da Cartesio, separandolo dalla res extensa: il "penso, dunque sono"; l'autocoscienza rappresenta forse uno dei più grandiosi passi avanti nella definizione di intelletto autonomo, di mente. Pascal e Leibniz avevano prodotto dal canto loro una sorta di "intelletto meccanico" costruendo le prime macchine per eseguire determinate operazioni, ma erano macchine senza memoria e non programmabili. Successivamente (siamo nell'Ottocento) fu l'inglese Charles Babbage, finanziato da Lady Ada Lovelace (figlia di Lord Byron) ad allargare il concetto di macchina da calcolo aggiungendo nel suo Analytical Engine una memoria (magazzino) ed una unità di calcolo e decisione (mulino).

Sempre nell'Ottocento Boole e DeMorgan idearono le "leggi del pensiero", passato ai posteri come Calcolo Proposizionale, e portato ai massimi fasti negli anni Trenta e Quaranta del secolo scorso quando apparvero gli studi di Gödel, Turing, Church e von Neumann sulla assiomatizzazione del calcolo, delle macchine calcolatrici e della logica. [1]

La psicologia dell'intelligenza, lo studio del calcolo meccanico e la teoria del ragionamento assiomatico trovarono negli anni Cinquanta un catalizzatore ed una nuova sfida grazie alla diffusione del computer (o, come si chiamava allora, "cervello elettronico "), in grado di elaborare modelli diversi di realtà a velocità sino ad allora impensabili; fu infatti in tale periodo che nacque la sfida dell'IA.

Ci si muoveva tuttavia su di un terreno oscuro e ricco di insidie, e per di più armati di strumenti di studio relativamente nuovi ed in parte nemmeno ben compresi; ogni problema superato poneva un interrogativo maggiore di quello risolto, ed obbligava ad una lunga e dolorosa riflessione sui campi di applicabilità del modello utilizzato.

Il dualismo cartesiano si riproponeva in mille modi diversi, e sostanzialmente ad ogni successo dell'IA corrispondeva uno spostamento in avanti del limite oltre il quale si poteva effettivamente parlare di Intelligenza Artificiale, in una sorta di replica perenne della storia di Achille e della Tartaruga.

Per fare un esempio moderno e ben noto, nel Settanta si dichiarava che un computer che avesse battuto un campione mondiale di scacchi avrebbe dimostrato un comportamento intelligente. Nel 1997 il supercomputer Deep Blue costrinse ad una resa molto poco onorevole il campione mondiale umano Kasparov, dimostrandosi non solo più aggressivo del suo già aggressivo avversario, ma anche (e questo è ciò che conta maggiormente) più forte dal punto di vista psicologico, intuendo i lati più deboli di Kasparov e facendo leva proprio su quelli per distruggere il morale dell'antagonista. Eppure, al termine dello storico incontro, si disse che il computer aveva battuto l'uomo non grazie alla sua intelligenza, bensì alla sola forza bruta insita nella velocità delle sue reazioni "neurali": il computer in sostanza restava un abile e veloce calcolatore, e non gli si concesse lo status di "intelligente".

Cos'è un uomo?

Da quanto detto sinora, sembrerebbe che l'intelligenza di un individuo non sia ascrivibile alla sua velocità di calcolo o di reazione: almeno secondo una vasta schiera di psicologi non basta un cervello veloce e ben programmato per creare una IA.

Cos'è, dunque, un Uomo? Vorrei ricordare un racconto di Terrel Miedaner, intitolato "L'anima dell'Animale Modello III" [2], nel quale appare evidente come l'essere umano tenda a conferire un'anima (un'autocoscienza) non già ad un individuo vivente, bensì ad un artefatto che si comporti "come se" avesse coscienza di sé.

Da tale prospettiva risulterebbe allora più che giustificato il conferimento di intelligenza a Deep Blue, in quanto il suo comportamento "appare" intelligente (e di certo Kasparov non si sarebbe innervosito per un gioco piatto e privo di schemi), sicuramente più di quello di qualsiasi altro animale (e di molti uomini). C'è però da aggiungere che la pretesa intelligenza di Deep Blue risulta essere a "delta di Dirac", incapace di proporre asserzioni o risposte a qualsiasi soggetto non compreso in una partita di scacchi... Oltre a tenere un comportamento intelligente, il sistema esaminando dovrà risultare anche in grado di prendere decisioni complesse in ambiti diversi.

Alan Turing aveva inventato a tal proposito "il gioco dell'imitazione", conosciuto successivamente come Test di Turing. In esso un individuo definito da Turing come "interrogante" deve porre domande a due interlocutori, un uomo ed una donna, e comunicando con loro senza vederli né ascoltarli (magari attraverso una telescrivente) cercare di capire chi dei due sia il maschio e chi la femmina.

Gli interrogati, da parte loro, potranno dare risposte ambigue in modo da tentare di ingannare l'interrogante ed indurlo a sbagliare. Cosa accadrà se in questo gioco una macchina prenderà il posto di uno dei due interrogati? Riuscirà ad eludere le domande senza farsi scoprire? O, in altre parole, riuscirà a simulare un comportamento umano, simulando quindi di pensare? E sino a che punto, in questo caso la simulazione sarebbe differente dalla realtà? [6]

Sicuramente questo "gioco" stimolò diversi scienziati e filosofi a produrre programmi che, seppur non in grado di ingannare l'interlocutore, simulassero tuttavia un comportamento pensante e intelligente riuscendo a "conversare" per un certo periodo di tempo con un essere umano prima di essere scoperti: vale la pena ricordare tra questi "Il Dottore" (noto poi come Eliza) di Weizenbaum, e Parry, di Kenneth Colby.

Il primo simula uno psichiatra che usa una terapia non-direttiva, il secondo un individuo paranoico. Inutile dire che quando si tentò di far interagire tra loro i due programmi l'effetto fu disastrosamente comico. Il precedente creato da Joseph Weizenbaum è tuttavia notevole; e nel suo libro-saggio [3] egli prende in esame il problema umanistico, dichiarando che per quanto un computer o una "macchina pensante" sia in grado di afferrare un problema dal punto di vista intellettuale, con tutti i problemi connessi al contesto non specificato ed alle figure retoriche, esso non potrà mai veramente "capire" cosa significhi una implicazione che comprenda l'autocoscienza sin quando non sperimenterà su di sé tale implicazione. Più o meno sulla stessa rotta si trova Domenico Parisi in "Senso dell'Io" [4], quando afferma "un senso dell'Io può essere attribuito non semplicemente ad un sistema che ha conoscenze su di sé, ma solo ad un sistema capace di acquisire conoscenze su di sé, sul proprio corpo o sulla propria mente."

Necessità e scelta

Come abbiamo appena visto, pare che la mente si manifesti nel momento in cui le interazioni con il mondo esterno si riflettono ed in qualche modo modificano lo stato interno di chi ha richiesto l'interazione, in una sorta di meccanismo a retroazione. Occorreranno pertanto un sistema di acquisizione dati esterno ed un sistema di elaborazione interno delle informazioni. Il controllo della retroazione, tuttavia, non dovrà essere rappresentato da un meccanismo fisico avulso dall'individuo (una CPU, ad esempio): dovrà essere al contrario un sistema integrato e sensibile alla sopravvivenza dell'individuo stesso ad eseguire le analisi ed a prendere le decisioni: solo in questo modo viene garantito il feedback dell'ambiente sull'organismo che ne fa parte.

Ciò che noi chiamiamo negli animali "istinto" e "senso del pericolo" sono reazioni all'ambiente che determinano la sopravvivenza della specie, ma questo feedback è riproducibile già da ora in laboratorio, e presente nelle creature viventi più in basso nella scala evolutiva. Il problema, in questo caso, viene perfettamente rappresentato da Dennett [5] quando si chiede se la condizione "istinto" sia necessaria e sufficiente all'intelligenza. Non è sicuramente sufficiente: nel paragrafo precedente abbiamo fatto conoscenza con manufatti che presentavano un comportamento "apparentemente" intelligente, ed allo stesso modo molluschi, organismi unicellulari e persino virus adottano una strategia che sembra "istintiva" pur non essendo dotati di sistema nervoso centrale. Vuol forse dire che per adottare un comportamento intelligente non sia necessario un sistema nervoso centrale?

Il cerchio si chiude

Non mi azzardo certamente ad affermare una cosa del genere, tuttavia è da notare che negli ultimi anni sono stati fatti enormi passi avanti nello sviluppo di teorie e tecnologie legate alle reti neurali, alla logica fuzzy, all'elettrodinamica quantistica connessa ai processi cognitivi, agli automi cellulari ed agli algoritmi genetici.

Oggi possiamo disporre di sistemi di elaborazione a parallelismo massiccio, e anche se le teorie sulla massima efficienza ottenibile dipendono molto dal tipo di problema incontrato, nella maggior parte dei casi è possibile simulare con buona approssimazione (anche se su scala microscopica) le caratteristiche elettrochimiche che sottostanno al funzionamento dei neuroni del cervello umano; in altre parole abbiamo finalmente una strada che potrebbe portarci a stabilire se l'intelligenza sia una caratteristica fisica intrinseca della struttura del cervello, se cioè ricreando un sistema di connessioni neurali con potenziali dati, sia possibile ottenere come risultato parte del patrimonio informativo e/o cognitivo.

Ma poi? Avremmo clonato un modo di pensare preesistente, senza nulla aggiungere alla sua crescita od originalità. Ciò che maggiormente dovrebbe portare a riflettere, quindi, nel concetto di Intelligenza Artificiale, non è tanto il termine Intelligenza, quanto l'attributo Artificiale: la parte più difficile del gioco consiste nel capire come poter anche solo concepire una mente diversa dalla nostra, per poter poi generalizzare il concetto di intelligenza con qualcosa che sia altro da ciò che già sappiamo possibile. E capire quali sono i meccanismi sottesi da questa mente artificiale e tuttavia meccanicamente identici ai nostri.

La disciplina che sta offrendo maggiori soddisfazioni in questo campo riguarda gli algoritmi genetici, che consentono tramite un complesso procedimento di selezione naturale (artificiale?) di stabilire in breve tempo il percorso evolutivo più vantaggioso, ed in ultima analisi di stabilire se il criterio di scelta tra più possibilità sia un processo puramente meccanico, o piuttosto giunti ad un determinato livello di complessità, ma senza soluzione di continuità, il comportamento meccanico divenga "senziente" e creativo.

Chi ha paura di un braccio meccanico?

Risulta evidente a questo punto del discorso quanto inverosimile appaia un nero futuro gestito dalle macchine e con l'Uomo in schiavitù. L'Intelligenza e la Creatività, la Fantasia in tutte le sue forme non sono nemiche della Vita, anzi tendono a renderla più ricca e fruibile.

Una macchina resta una macchina, qualunque sia il suo scopo, ed è suscettibile di interruzione. Una mente, al contrario, non può essere fermata, e se si tratta di una mente intelligente per prima cosa farà in modo di conservare se stessa. Poiché tale conservazione dipende dal benessere dell'ambiente in cui la mente si trova, è difficile pensare alla storia dell'IA che si ribella al proprio creatore.

Se l'IA apprezza la propria esistenza, la rispetterà. A patto naturalmente di venire rispettata. Già, perché non occorre dimenticare che una volta creato, un organismo autosufficiente in grado di sperimentare autocoscienza ed interazione, di provare l'analogo delle nostre emozioni, sarebbe a tutti gli effetti eticamente sul medesimo piano di qualsiasi essere vivente intelligente.

In realtà non abbiamo tanto paura di un braccio meccanico, quanto della nostra reazione di fronte alla diversità: abbiamo conservato, profondamente radicato in noi, l'istinto bestiale dell'essere primitivo, timoroso dell'esterno, xenofobo, incapace di un pensiero a differenti livelli; tutto ciò che ci appare fisicamente, eticamente o mentalmente superiore tende a spaventarci. Chissà se lo studio avviato nel campo dell'IA potrà in qualche modo guarirci da questo comportamento provinciale, aprendoci non tanto le porte della tecnologia, quanto quelle della Pace e dell'equilibrio sociale.

Poscritto

Il concetto alla base dell'articolo non sembra più "come riconoscere 'intelligenza artificiale", bensì "come riconoscere l'intelligenza". Paradossalmente, infatti, non è più sufficiente disporre di intelligenza per riconoscerla, in quanto i processi fisici e chimici sottostanti potrebbero essere squisitamente meccanicistici (e quindi riproducibili artificialmente), o peggio, basati su una logica e un'etica altra da quella che noi consideriamo unanimemente (e quindi a torto) universale. Al massimo potremmo riconoscere una intelligenza modellata sui concetti umani, ma di nuovo, non avremmo alcun vanto in ciò, Una intelligenza basata sul silicio potrebbe avere un comportamento che ripugna ai nostri concetti etici, una intelligenza computerizzata potrebbe non annoverare tra i propri assiomi l'empatia (basti pensare ai Borg di Star Trek).

Secondo l'intellettuale polacco Stanislaw Lem, saremmo assolutamente incapaci di riconoscere una intelligenza aliena proprio per queste ragioni.

Nonostante questa forte limitazione, gli studi sull'Intelligenza Artificiale come modello dell'intelligenza umana continuano: è recente la notizia di un supercomputer in grado di rappresentare funzionalmente l'interazione di milioni di neuroni cerebrali (una minuscola sezione di cervello artificiale) attraverso un algoritmo basato sulle reti neurali. Di nuovo, simulazione e modellazione di un concetto più o meno noto.

Bibliografia

1. Douglas Hofstadter, "Gödel, Escher, Bach", Adelphi, 1984-1990, ISBN 88-459-0755-4
2. Hofstadter-Dennett, "L'Io della Mente", Adelphi, 1985
3. Joseph Weizenbaum, "Computer power and human reason", S.Francisco: W.H.Freeman, 1976
4. R.Viale (a cura di), "Mente umana, mente artificiale", Feltrinelli, 1989, ISBN 88-07-10123-8
5. Daniel Dennett, "La Mente e le menti", Sansoni, 1997, ISBN 88-383-1726-7
6. Alan Matheson Turing, "Computer machinery and intelligence", Mind vol LIX n.236, 1950

VI. Home supercomputer

Da una esigenza della ricerca scientifica applicata alla Scienza dell'Informazione nasce una moda sempre più diffusa nel campo dell'informatica amatoriale.

Gli Anni settanta vengono spesso ricordati come l'epoca degli scienziati da garage. Il luogo spesso meno frequentato della propria casa rappresentava sovente un ottimo rifugio per predisporre la propria attrezzatura pseudoscientifica senza le solite seccature relative al tenere in ordine la propria stanza: gente del calibro di Jobs, Allen, Wozniack e Gates iniziarono la propria carriera nel mondo del computer utilizzando proprio quel poco nobile settore della propria abitazione. Eppure...

La casa sull'albero

Chi non ricorda quando, da bambini, si era soliti costruire un "rifugio dei pirati" sull'albero del giardino, o una tenda del generale costituita da un vecchio lenzuolo teso tra quattro sedie? Il nostro piccolo regno iniziava lì dove nessun adulto poteva osservarci, nessun occhio indiscreto rovinare le nostre acrobazie intessute da una fantasia allora galoppante e sprezzante della realtà.

Giunti ai 15 anni era sempre più difficile evitare feste, amici ed esponenti dell'altro sesso solo per mantenere vivo il fuoco creativo della nostra fantasia, e non potendo più nutrire i nostri mondi fantastici si intraprendeva il cammino verso il tentativo di modificare la realtà per renderla più consona ai nostri disegni adolescenziali; certo, molti di noi si perdevano durante il cammino dietro ad un paio d'occhi particolarmente affascinanti, altri intravedevano nel denaro un mezzo molto più valido per realizzare sogni, e noi, un tempo in numerosa compagnia contro le tigri del

Bengala, gli scorridori del deserto o i pirati di Aldebaran, ci ritrovavamo a chiederci se valesse poi la fatica di darci pena per cercare di mantenere vive le nostre ambizioni di fantasia quando il mondo attorno a noi appariva così prosaico e legato all'interesse reale più che ai sogni ed alle innovazioni.

Creatività al potere

In pochi siamo rimasti eternamente bambini. Ma è sui sogni di questi pochi elementi che si impernia il nuovo mondo del computer, in cui una idea nuova vale più di mille nuove idee. Un esempio: dagli Anni Sessanta si parla di Intelligenza Artificiale, da cinque lustri di reti ad apprendimento progressivo, ma il computer così come noi lo intendiamo è rimasto legato all'architettura seriale proposta da Von Neumann oltre sessant'anni or sono; se i "computer paralleli" e le conseguenti architetture distribuite non hanno avuto l'attenzione che meritavano è stato soprattutto grazie a quei bambini che hanno preferito rinnegare i sogni della propria infanzia in favore di un profitto immediato.

Ma non tutto è perduto: in un garage lontano lontano, seminascosto tra migliaia di altri garage simili, un ingegnere inglese porta avanti il sogno di un adulto con la pertinacia di un bimbo: creare un supercomputer utilizzando componenti di scarto di normali PC a basso costo, ed una architettura in grado di portare una vera e propria rivoluzione nell'ambito oramai un po' stantio dell'Informatica personale.

Stella stellina...

Cosa accadrebbe se fosse possibile acquistare 2000 MHz di potenza elaborativa con meno di 230 euro? Semplice: con un investimento di 1.500 euro (il costo di un normale PC di fascia alta, superaccessoriato, con monitor e DVD) si raggiungerebbero i 15 GHz ed i 10 GFLOPs all'interno di un sistema scalabile (scheda madre, processore, RAM e scheda di rete con BOOTP). Un unico server Linux dotato di NFS, TFTP e DHCP gestirebbe ciascuna scheda stand-alone ed il sistema così progettato potrebbe crescere indefinitamente al costo di due pacchetti di sigarette al giorno.

Ebbene, sistemi di questo genere esistono, sinora relegati negli scantinati e nei garage di tutto il mondo, ed eseguono instancabilmente lavori di number-crunching e di ricerca scientifica distribuita. E domani (ma anche già oggi) avremo a portata di mano potenze di calcolo inconcepibili cinque anni fa, senza spese aggiuntive di software, in grado di colloquiare tra loro e di creare un sistema completamente nuovo di interazione in rete. E tutto questo dinnanzi ai ciechi occhi di coloro che si vantano di avere in mano il mercato dell'informatica personale e non. Forse non tutto il male viene per nuocere...

Poscritto

Il postulato di Moore dichiara che "le prestazioni dei processori, ed il numero dei transistor ad essi relativo, raddoppiano ogni 18 mesi". In realtà negli ultimi anni abbiamo assistito ad una crescita anche maggiore: il concetto di General Purpose Graphic Processing Unit (GPGPU) ha consentito il rilascio sul mercato di schede di elaborazione dotate di migliaia di singoli processori. Tali sistemi, nati come semplici acceleratori grafici per videogiochi, sono stati dotati di un framework di accesso che ne consente la riprogrammazione in linguaggio C: migliaia di programmatori hanno quindi acquistato simili device per estendere le capacità di calcolo del proprio sistema.

Lo sviluppo di sistemi e algoritmi di calcolo parallelo ha notevolmente beneficiato delle nuove piattaforme di elaborazione: al costo descritto nell'articolo è possibile ora acquistare processori di potenza infinitamente maggiore (beh, quasi...) con i quali sviluppare programmi in grado di aumentare l'efficienza di calcolo di quasi mille volte, contro le 64 postulate da Moore.

Bibliografia:

1. http://www.jobnegotiator.com

VII. Musica, Maestro...

La creazione frattale di brani musicali è arte?

Tutti noi esploratori del settore dell'Information Technology cerchiamo di mantenerci costantemente al corrente sulle ultime novità legate ai campi di ricerca e sfocianti nella Consumer Electronics. In realtà siamo forse rimasti un po' bambini, e tutto ciò che è gioco e meraviglia cattura la nostra attenzione e ci lascia stupiti ed attoniti: la nostra domanda non è "come funziona?", bensì "perché una cosa così apparentemente logica e prevedibile è in grado di interagire con la nostra chimica endocrina suscitando in noi simili emozioni?"

Alla ricerca del significato nascosto

L'episodio che mostra l'interesse di Pitagora per i numeri è la prima osservazione di carattere "musicale" nel mondo occidentale [4]. Da allora i suoni e la loro descrizione matematica sono strettamente legati tra loro, ed oggi conosciamo le leggi che uniscono le armonie musicali con gli strumenti costruiti per esprimerle. Naturalmente però, non è sufficiente saper riprodurre in modo tecnicamente perfetto un brano, né avere la piena padronanza di uno strumento musicale, per poter "creare" un'opera d'arte. Ricordo che anni or sono all'Esposizione Mondiale di Tsukuba venne presentato un robot antropomorfo in grado di "leggere" uno spartito attraverso una telecamera ed eseguire il pezzo musicale ivi trascritto coordinando i motori passo-passo delle proprie articolazioni metalliche su di una tastiera d'organo. Il risultato era senz'altro stupefacente, quasi raccapricciante, dal momento che la perfezione tecnica dell'esecuzione strideva violentemente con l'apparente freddezza del robot. E poi... mancava comunque qualcosa. Riprodurre Bach in quel modo significava rubare almeno metà del calore e dell'emozione suscitata ascoltando un suo brano.

Ricostruzione dell'emotività?

In occasione dell'uscita del film di Spielberg A.I si è molto parlato di Test di Turing.

Sinora nessun elaboratore è riuscito ad ingannare un umano sulla sua effettiva natura. E tuttavia, se nel campo dell'autocoscienza siamo ancora (abbastanza) lontani dall'ottenere il risultato sperato, nella musica, campo in apparenza più profondamente legato all'emotività, i risultati sono decisamente più soddisfacenti. A prescindere dall'impulso creato dalla tecnologia di codifica MIDI, la "creazione automatica di armonie" ha avuto impulsi formidabili, grazie anche alla struttura aritmetica sottostante la musica. Ma ciò che maggiormente ha contribuito a ricreare quel "non so che" di umano nella composizione musicale è rappresentato oggi (guarda un po'...) dalla geometria frattale. Per rendersene conto è sufficiente ascoltare alcuni brani "creati" dal computer [2], o giocherellare con un programma di generazione frattale di musica [3].

Dov'è l'anima?

La geometria frattale in quest'ambito riproduce fedelmente le circonvoluzioni del modo di pensare umano, in cui continue riproduzioni del medesimo problema esistenziale a scale sempre diverse si ripresentano modificando il tono dell'umore del compositore e dell'ascoltatore. Di conseguenza la stessa struttura, il "tessuto" musicale risente delle differenti prospettive di osservazione come in un disegno astratto di Karel Thole. E come nella fantascienza, ogni progresso della Scienza spinge la barriera di delimitazione tra umano e macchina un pochino più oltre, appena al di là dell'orizzonte degli eventi attuali...

Poscritto

Dopo dieci anni di sperimentazione, la generazione automatica della musica resta un curioso fenomeno da laboratorio.

Ciò che invece colpisce è la cronica mancanza di stimoli creativi nei confronti della musica naturale: nei mondi di rock, pop, country, blues e persino nel jazz il concetto di copia conforme sta prendendo piede in modo impressionante, mentre vecchi pezzi classici sono utilizzati come base nella stesura di "novità" assolutamente prive di contenuto emotivo.

Si potrebbe obiettare che le note sono solo sette, che gli stili restano gli stessi: la realtà è invece diversa. Ciò che manca è il desiderio di comunicare, la "voglia di giocare", l'essenza primeva dell'opera musicale; paradossalmente non è la musica che è stata sottoposta al processo di meccanicizzazione, è l'essere umano ad aver scelto di perdere la propria originalità in favore del guadagno immediato e di un'effimera notorietà.

Bibliografia

1. http://www.akkuaria.com/alfredosorbello/musica_frattale.htm
2. http://www-ks.rus.uni-stuttgart.de/people/schulz/fmusic/
3. http://www.tuttogratis.it/software/softfrattali.html
4. Luciano Cresci, "I numeri celebri", Bollati-Boringhieri, ISBN 8833912787

VIII. Fenomenologia del programmatore

Un viaggio allucinante nei più nascosti recessi di un futuro accuratamente nascosto.

Io sono.

Nel momento in cui me ne rendo conto capisco di esistere, e riesco a mettere in relazione la vita, le attività mie e del prossimo, a valutare le mie azioni nel tempo, a stabilire nessi tra causa ed effetto; mi rendo conto di esistere. Quindi il programmatore non è. Non è, dal momento che nella propria realtà ciò che veramente conta è portare a termine il programma entro il limite massimo della finestra temporale concessa, a prescindere da ciò che accade attorno a lui. Egli non mette in relazione le proprie azioni con quelle degli altri, semplicemente elimina la presenza degli altri qualora costoro rappresentino un rallentamento nel raggiungimento del traguardo finale.

Il programmatore non valuta le proprie azioni nel tempo, le considera come un caos quantistico dal quale nascerà la propria opera, poco importa se verrà utilizzata una data metodologia, o se punti e virgole verranno aggiunti in un secondo tempo come insegna Pulcinella. Il programmatore non stabilisce mai rapporti tra causa ed effetto, dal momento che il proprio guscio di realtà spesso virtuale è definito e definitivo, aprioristico, apodittico e assiomatico. Indiscutibile. Ergo, il programmatore non esiste.

Dimostrazioni per assurdo

Ma se il programmatore non esiste, mi si chiederà, donde provengono tutti i software piratati con tanto rischio dall'inizio dell'Era Informatica? A cosa mai corrispondono quei torrenti di bit che apparentemente rappresentano programmi logici? Bene, iniziamo da quest'ultima affermazione. Logica è definizione ed attributo legato da sempre alla logica. Affermazione tauto-logica, appunto. In pratica, si fonda sui concetti di coerenza e non contraddizione, con l'aggiunta eventuale del teorema del terzo escluso. Coerenza significa "se a è vero, allora a sarà sempre vero se non muteranno le condizioni al contorno"; non contraddizione significa "se a è vero, allora a non può essere falso allo stesso tempo. E viceversa".

Il concetto del terzo escluso approfondisce ulteriormente il disagio di colui che legge la definizione, in quanto press'a poco recita così: "se a è vero allora a è vero, altrimenti a è falso". Il che appare di una banalità disarmante, qualora non si rifletta sulle solite condizioni al contorno: in parole semplici l'ultima frase significa che un risultato logico può essere o vero o falso, non una terza via di mezzo. Punto. Se siete giunti sin qui, innanzi tutto complimenti per la tenacia; facciamo ora un altro passo avanti. Abbiamo parlato di coerenza, non contraddizione e terzo escluso. Cosa accade se applichiamo tali concetti all'idea di "programma logico"? Ci troviamo di fronte ad un evidente ossimoro!

Quante volte, in un programma, abbiamo posto la variabile a ad 1 e l'abbiamo ritrovata a 198451934,98? Quante, volte, esaminando le condizioni al contorno, abbiamo notato che un determinato ciclo non terminava come ci aspettavamo, bensì in modo opposto, "verando" dove doveva "falsare"? E quante volte, infine, la struttura di switch/case così attentamente predisposta, metteva in risalto proprio quel caso che non era sembrato doveroso filtrare? Da tutto quanto sopra esposto risulta quindi evidente che il programma non è logico, bensì assume differenti livelli quantistici di realtà a seconda delle condizioni al contorno. Potremmo quindi concludere con un bel (programma NOT logico), ma di nuovo chiedo: quanti elementi di tipo "programma" avete visto che potessero avvalersi immediatamente dell'attributo "logico"? Personalmente propenderei per un'affermazione di tipo NOT(programma logico).

Un passo avanti

Ma se, come abbiamo potuto esaminare in precedenza, il programmatore (o sedicente tale) considera la propria opera come un caos quantistico dal quale, dato un sufficiente lasso di tempo, dovrà apparire un risultato apprezzabile, allora non possiamo parlare nemmeno di "programma", separando l'assunto precedente ed ottenendo un NOT(programma) NOT(logico).

Ora, il caos quantistico nella mente del programmatore somiglia in modo raggelante al livello di comunicazione raggiunto attualmente dai Media: mentre infatti egli afferra a caso un costrutto qui ed una variabile lì, i Media con lo stesso sistema ricreano una realtà assolutamente virtuale e configurata per occhieggiare voluttuosamente a questo od a quel potere. Chi tra noi se ne è reso conto, non potrà fare a meno di accorgersi della similitudine: non v'è dunque informazione nella creazione del programmatore: solo dati pescati alla rinfusa e privi di una struttura logica e coerente. Ma allora, se il "rumore di fondo" del programmatore coincide con il "rumore di fondo" della vita mediatica, e se non esistono programmi logici, da cosa possiamo dedurre l'esistenza di un programmatore?

Qualcuno potrebbe timidamente avanzare l'idea di ricondursi ad esso seguendo come Pollicino briciole di pizza, macchie di caffè e cola, vecchie schede ISA, cappellini da baseball, scatole di floppy disk (magari da 5,25) consunte e bisunte dall'uso, gadget elettronici, piccoli dirigibili radiocomandati, mozziconi di sigarette e cattivi odori dovuti a scarsa igiene personale. Secondo me, invece, tale massa priva di coerenza e di unicità tende ad accumularsi accanto ai computer sino a raggiungere una data massa critica, oltre la quale evolve (o involve, se preferite) in una creatura (scarsamente) semovente che siamo soliti rappresentare con il termine "programmatore".

Tale creatura risulta assolutamente priva di cicli circadiani, scambiando spesso il giorno con la notte; ha una vaga tendenza all'autodistruzione mediata da cibi e bevande gassate e alcoliche, dimentica tutto tranne i codici per giochi e programmi, colleziona spesso pupazzetti ed è assolutamente privo di volontà propria: quando costui incontra un possibile fornitore di lavoro, tende ad esaltarsi, a proporre il triplo delle opzioni richieste dalle specifiche, e a dimezzare i tempi di consegna per avere poi più tempo da trascorrere sparando o guidando virtualmente sulla rete. Ovvio che a tale entità si cercherà sempre e comunque di estorcere qualcosa in più, e non è raro sentir parlare di programmatori che hanno dovuto interrompere il proprio lavoro per inventare un distorsore temporale e procurarsi qualche ora di vantaggio sulla imminente consegna. Geniali ingenui (altro ossimoro che li contraddistingue), se esistessero nella realtà creature consimili sarebbero destinate ad una estinzione di massa con lo sguardo benevolo di Darwin.

$1+1=?$

Ricapitolando, abbiamo visto che il concetto di programma logico è contraddittorio, che in esso non può essere racchiusa alcuna informazione che non fosse preesistente, e che il creatore di programmi, qualora fosse esistito, si sarebbe estinto nell'arco di pochi decenni rendendo i componenti iniziali al mondo (e questo spiegherebbe il ritrovamento sempre più frequente di vecchie schede ISA scomparse da anni). Ai fini del nostro tentativo di dimostrazione, pertanto, si giunge alla definitiva conclusione che il programmatore non può esistere allo stato stabile.

CVD.

Scrivendo al rovescio

Onde evitare la classica valanga di proteste da parte di programmatori più o meno capaci, dichiaro sin d'ora che io stesso appartengo o sono appartenuto alla categoria: attualmente ho iniziato a decompormi ed alcuni pezzi di me, propriamente quelli corredati di schede ISA, stanno trasformandosi in system administrator, ma questa sarà un'altra storia. Ciò che ho personalmente riscontrato in questi anni, tuttavia, è pienamente descritto in questo capitolo, che potrei intitolare "Il programmatore è esistito realmente!" se non avessi già scritto un altro titolo e non fossi così disastrosamente pigro. Resta il fatto che nell'Internet dei prossimi 50 anni vedo sempre meno spazio per la figura del programmatore "puro", sia per carenza di genio strutturale (la maggior parte dei programmi necessari già esiste...) sia per l'eccesso di ingenuità che tende a estinguere ogni forma di vita nella quale dimora.

E dal momento che ho scritto questo capitolo al rovescio, partendo dalle conseguenze ed arrivando alle ipotesi, non mi resta che augurarvi buona lettura...

Poscritto

Rileggendo oggi Fenomenologia del programmatore, ho provato l'impulso di rovesciare nuovamente quel divertente concetto di logica inversa utilizzato nel capitolo, se non altro per avere la certezza di non essermi sbagliato, per spingere ancora un poco più oltre gli effetti deleteri di un gioco paralogico.

Per questa ragione ho provato a "negare" logicamente i titoli di ciascun paragrafo: avrei dovuto ottenere la negazione logica delle conclusioni... e invece mi sono trovato di fronte ad uno strano anello!

Infatti, inizio con "Io non sono", quindi mi trovo a che fare con una "dimostrazione diretta", e dopo aver compiuto "un passo indietro" riconosco un terribile "2=?" . "Scrivendo in avanti" fronteggio finalmente la triste verità: il risultato dell'esercizio ripropone allo stesso modo l'identica fenomenologia del programmatore.

IX. Evoluzione o involuzione?

A volte capita di imbattersi in ricerche apparentemente innocue, ma di enorme portata sociale.

Qualche tempo fa mi è stato indicato un articolo sull'American Sociological Associations' Contexts Magazine; nulla a che vedere, apparentemente, con la Scienza dell'Informazione, con la Matematica della Computabilità o con gli argomenti a noi più familiari, quindi ho iniziato a leggerlo incuriosito dalla segnalazione. La lettura era scorrevole, e inizialmente non riuscivo a capire dove volesse terminare: prendeva in esame l'ambiente di lavoro degli operai inglesi durante la rivoluzione industriale del XIX Secolo. Poi, poco per volta, ho iniziato a notare qualcosa di straordinariamente interessante.

Il paragrafo centrale era intitolato "I luoghi di lavoro cosiddetti Hi-Tech non sono migliori delle fabbriche del XIX Secolo". La ricerca ha messo infatti in risalto che il i lavoratori di staff nel settore dell'Alta Tecnologia soffrono di isolamento, insicurezza sul lavoro ed orari eccessivamente prolungati. Sean O'Riain, professore di Sociologia all'University of California, autore della ricerca, ha dichiarato che molto ancora dev'essere fatto per alleviare l'estrema pressione, l'ineguaglianza nei trattamenti e l'esclusione nell'ambito dei lavori tecnologici.

La cultura individualistica e maschilista caratteristica dei "tech jobs" spinge le donne a rinunciare finanche a presentarsi per ottenere lavori simili, nonostante la cronica mancanza di capacità sia evidente in pari misura nei due sessi. Sebbene inoltre tali lavori siano teoricamente privi di figure che operino una effettiva supervisione, la pressione tra colleghi e le scadenze portano inevitabilmente ad una fatica estrema. E nonostante tutto, questo sistema viene additato da molti come "il sistema di lavoro del XXI Secolo".

I lavoratori del genere dei programmatori software vengono sovente additati come coloro che vivono il sogno del moderno lavoro ad orari flessibili, slegati dai confini geografici degli uffici, in grado di lavorare di loro propria iniziativa e talvolta beneficiari di parte del patrimonio azionario della propria azienda. La realtà, come vedremo, risulta invece più un incubo: essi infatti incarnano l'insicurezza solitaria dell'imprenditore individuale in un mercato ed in una cultura che produce stress, imponendo una maschera da macho mutuata dalla guerra e dallo sport; sono soli, insicuri e privi di punti cardine sui quali fermare la propria esistenza. Il tracollo delle dot-com ha inoltre aggiunto l'insicurezza del lavoro alla lista degli stress per i lavoratori nell'industria tecnologica: con l'avvento della crisi economica, essi si sono trovati con poche garanzie collettive, ciascuno legato unicamente al proprio destino individuale.

Gli amministratori di sistema, ad esempio, riescono a mantenersi su di un mercato dinamico solo grazie alle conoscenze che hanno maturato la di fuori del proprio posto di lavoro; dal momento che il mercato livella la necessità aziendale verso il basso per garantire minori costi di turnover ed apprendimento più rapido, vengono avvantaggiate quelle figure professionali dotate di skill superiori a quelli necessari, ma il tempo e lo stress prodotti dal doversi mantenere costantemente aggiornati ed informati non viene preso in considerazione nella richiesta. La figura del Sysadmin è divenuta un prodotto da vendere e comprare a prezzo fisso a prescindere dalle caratteristiche possedute.

La ricerca termina mettendo in risalto le caratteristiche delle Technical Communities, che consentono di riconquistare in parte quel calore umano al quale i lavoratori Hi-Tech devono rinunciare per mantenere elevati i propri profili di formazione; resta comunque la domanda: sino a che livello una Community è in grado di surrogare il buon vecchio dialogo di un gruppo di amici?

Poscritto

Rispetto ad oggi, bisogna ammettere che l'articolo apparso sull'American Sociological Associations' Contexts magazine era assolutamente corretto e quasi visionario. Da allora le condizioni dei lavoratori dell'HiTech sono se possibile persino peggiorate, i loro diritti calpestati, il loro futuro rubato e quasi distrutto. La gioia insita nell'essere parte della nuova rivoluzione industriale e tecnologica ha tristemente lasciato il posto ad un sordo rancore nei confronti di quelle attività per le quali il personale dell'IT viene costantemente sfruttato, denigrato, umiliato. La gioia personale trovata nella ricerca di nuovi sistemi ha lasciato il posto ad una continua ed infruttuosa rincorsa verso progetti sempre più indistinti, con l'unico risultato definitivo di perdere di vista tanto il proprio futuro quanto il presente.

Rimane così il passato dei ricordi di gloria e successi, di Jobs e Gates, di volontà e sogno di realizzazione che accompagna l'ansito sordo di un cuore sempre più affaticato e sempre meno capace di creare novità.

X. Quale linguaggio per programmare

Il linguaggio è lo strumento che rende farraginosa la trasmissione delle emozioni. Lo ricordi il programmatore...

Qualche tempo fa mi è tornato alla mente uno spassoso racconto di Isaac Asimov, intitolato "Atti del convegno di telepatia". L'intero racconto si sviluppava nella frase "Tanto sapete già tutto..." ed è considerato il più breve racconto di fantascienza mai scritto. Sarebbe rimasto sorpreso, il Buon Dottore, nell'apprendere che esistono campi dello scibile umano per i quali nemmeno la telepatia, l'empatia o altri esoterici sensi dell'uomo potrebbero alcunché nel definirne una volta per tutte lo stato dell'arte.

O forse no... visto che tutti i racconti imperniati sulle tre leggi della Robotica si basano proprio sull'assunzione che il rigido paradigma utilizzato per evitare che un robot si ribelli appare sempre troppo stretto e suscettibile di paradossi notevoli. Se tentaste di chiedere ad un qualunque artigiano dell'informatica quale sia il migliore linguaggio per la programmazione otterreste una molteplicità di risposte pari al campione esaminato.

Questo significa forse che il "linguaggio definitivo" non esiste? Assolutamente no, semmai indica che non esiste il "programmatore definitivo"; come la moderna psico-terapia ci ha oramai abituato a pensare, il vincolo di una situazione potenzialmente patologica è strettamente correlato al punto di vista del soggetto esaminato: cambiando il punto di vista di quest'ultimo si riesce sovente a minimizzare ed annullare una nevrosi incipiente, con enorme giovamento della salute del paziente... e della situazione economia del medico.

Da quasi un secolo è oramai in voga l'idea secondo la quale è impossibile verificare qualsiasi teorema posto all'interno di un sistema assiomatico coerente e non contraddittorio a meno di trascendere il sistema stesso creando un metasistema di controllo semantico; non stupisce quindi la variegata serie di risposte relative al linguaggio di programmazione preferito. Ma sarà sempre così?

Cogito, ergo sum

La frase cartesiana ha raggiunto notevoli vette di notorietà, citata a proposito ed a sproposito: notevole ad esempio la definizione di Douglas Hofstadter, che dalla traduzione storpiata "penso, dunque sommo" mutuata dall'inglese, trasse un sublime "penso, dunque non ho accesso al livello in cui sommo", ad indicare la polemica molto forte tra cognitivisti e neuroscienziati; anche qui tuttavia appare un possibile cambio di prospettiva: la corrente nichilista potrebbe infatti obbiettare che nessuno ci può confermare la correttezza di ciò che pensiamo, e tuttavia la nostra esistenza è subordinata a tale correttezza... Lo stesso concetto di "freccia del tempo", necessario a calarci nella realtà quotidiana, viene continuamente modificato, sovente a nostra insaputa, dagli apparenti paradossi della meccanica quantistica. Sembra quasi che maggiore è la quantità delle nozioni a nostra disposizione, minore è il contenuto informativo che ne possiamo estrarre, a causa del crescente numero di interconnessioni disponibili: abbiamo informazioni, ma i loro pesi tendono sempre più spesso ad escludersi a vicenda. Ora, cos'ha ha che vedere questa introduzione con il titolo di questo capitolo?

Cui prodest?

Molto semplicemente, tutto. Nei linguaggi di programmazione abbiamo infatti innumerevoli fattori che concorrono alla scelta individuale: fattori squisitamente estetici, potenziali, attuali, fattori di integrazione con altri linguaggi, elementi di correlazione (o cross-compilazione), efficienza, efficacia, velocità intrinseca e velocità del compilato, grafica, profiling e via dicendo. I linguaggi di programmazione attuali rappresentano le Ferrari, le Porsche e le Honda dell'informatica. Ora una domanda alla quale vorrei una risposta sincera: quanti di voi possono dirsi tanto fortunati da possedere una Ferrari (intesa come autoveicolo-gioiello), e quanti tra i possessori riescono a portarla al limite? Lo stesso avviene oggi (più o meno) con le piattaforme di compilazione.

Si badi bene, non mi riferisco unicamente a marche blasonate che vendono il proprio prodotto a caro prezzo: per averne un'idea provate a leggere (non semplicemente a sfogliare) il manuale del GCC e poi raccontatemi quante di quelle opzioni vengono utilizzate correntemente. Ecco che fatalmente il discorso di scelta di un linguaggio di compilazione diviene un tema filosofico: quale, tra quelli che conosco, soddisfa maggiormente le mie esigenze estetiche ed organizzative? Quale mi consente di intervenire con maggiore solerzia nella correzione di un baco? E quale, ancora, risulta più flessibile relativamente alla mia attività? Se produco interfacce grafiche sotto cui gira un motore gestionale mi interesserò ad un linguaggio dotato di RAD; se gestisco archivi con milioni di record mi converrà sceglierne uno più orientato ai database, se infine sviluppo programmi di analisi numerica in cui compattezza e velocità di esecuzione hanno la massima importanza, le soluzioni a mia disposizione sono ancora diverse. Il cui prodest all'inizio di questo paragrafo non è pertanto da intendersi retoricamente come "Non giova a nessuno", bensì, retoricamente ma ad un metalivello differente, "A chi mai deve giovare?"

Certezze da vendere

Al discorso fatto sin qui occorrere aggiungere altre deliziose sfumature commerciali. Esistono aziende che si sono impegnate profondamente (stavo per scrivere "finanche i pantaloni" ma mi son trattenuto) nello sviluppo su piattaforme commerciali, nonostante la consapevolezza di numerosi profondi buchi (non bachi) nei compilatori, semplicemente perché così richiede il mercato: offrendo un prodotto sviluppato con un linguaggio/compilatore blasonato si ritiene di avere maggior presa sul mercato ed un canale riservato alla consulenza più rapido. A tal punto, la scelta è quasi obbligata. Ed è così che ho visto macchine a controllo numerico gestite in Java (che notoriamente permette al Visual Basic di apparire come un fulmine di guerra)... ma anche dall'altra parte non si scherza: io stesso, in gioventù, ho scritto in Pascal sotto DOS un CAD tridimensionale, ed ho reinventato le API di gestione di oggetti grafici e mouse per evitare di ricadere nel vortice commerciale di chi sviluppava già allora interfacce utente. Me ne sono pentito amaramente (anche se poi alla fine il risultato non era malaccio). Ricapitolando, esistono esigenze commerciali da non sottovalutare nel caso si gestisca una società di software aperta sul mercato, ma a mio modesto avviso ciò che maggiormente conta nella scelta di un linguaggio di programmazione è lo skill acquisito ed il tipo di progetto da sviluppare. E si torna alla domanda primeva: quale linguaggio è migliore per una data applicazione?

La risposta, come al solito, è: dipende. Lo smalltalk è un sistema ad oggetti semplicemente meraviglioso, ma sino a poco tempo fa non era assolutamente portabile, non era compilabile e richiedeva di trascinarsi dietro tutto il framework di oggetti. Pesantissimo. Però la sua filosofia ad oggetti faceva impallidire il C++ e l'object pascal. Il Prolog è stato utilizzato negli ambienti universitari per la creazione di sistemi di interrogazione in linguaggio naturale, poi però qualcuno ha scritto Eliza e Parry in BASIC. Le schede transputer venivano programmate in Occam, un linguaggio dotato di particolari algoritmi che ne avvantaggiavano il parallelismo intrinseco: un programma su transputer scritto in Occam risultava dalle tre alle cinque volte più efficiente di uno sviluppato con Fortran 90 su sistemi biprocessore.

Oggi però saremo in cinque o sei persone a ricordare l'Occam. Ancora, si dice che l'Assembler sia il non-plus-ultra tra i linguaggi, in quanto consente di mantenere sott'occhio tutte le risorse della macchina sulla quale si lavora, eppure gli ultimi microprocessori prodotti risultano in qualche modo "castrati": il Pentium IV aveva problemi di accesso alla cache che ne impedivano il funzionamento a massimi regime, l'Opteron non riesce a sfruttare completamente l'architettura parallela di CPU ed FPU, il Prescott ha avuto una pipeline lunga 31 elementi per consentire un rapido aumento della frequenza di clock , ma questo ha ovviamente penalizzato il suo sistema di branch-prediction. Inoltre il proliferare di registri ed opcode non standard, dall'MMX agli SSE e SSE2, costringe il povero programmatore assembler a fare i salti mortali per mantenere aggiornato ed efficiente il proprio codice.

Di converso, le ultime release del GCC sono in grado, se spinte al limite, di effettuare ottimizzazioni del codice utilizzando tali nuovi registri, e producendo quindi codice particolarmente efficiente da un sorgente in C.

Mutatis mutandis

Se pertanto qualcuno dovesse domandarvi quale sia il linguaggio di programmazione migliore in assoluto, rispondete pure di chiederlo al migliore programmatore in assoluto. C'è chi ha iniziato con il BASIC, poi per questioni di efficienza è passato al Pascal, quindi il mercato lo ha spinto verso il C. Un mio amico continuava a scrivere in C le interfacce CGI per il suo server Web: quando gli ho mostrato la snellezza delle applicazioni embedded PHP/MySQL è rimasto di stucco, non tanto per la velocità di esecuzione (inferiore al C) quanto per la semplicità di manutenzione del codice. Alcune persone semplicemente adorano Python, altre hanno il voltastomaco quando si rendono conto della rigidezza sintattica e lessicografica alla quale sarebbero costretti utilizzandolo.

Il PERL consente di sviluppare filtri e moduli CGI con una manciata di byte, ma non chiedetegli l'efficienza di Oracle nel gestire un database o la velocità di un programma scritto in C. È sempre il solito discorso: una vite si inserisce meglio con un giravite che non con un martello... perché l'interfaccia studiata per essa si addice maggiormente al giravite. L'odierno proliferare di sistemi di scambio elettronici ha provocato una crescita esponenziale (e disordinata) dei metodi di accesso allo strumento: ai tempi del mainframe esistevano il TSO, il CICS, il VTAM, il BTAM e le strutture VSAM per l'archiviazione per accedere alle diverse risorse del sistema, ma il tutto era comunque gestito da un unico programma supervisore sul computer principale; oggi ciascun produttore ha le proprie interfacce, i propri sistemi di compilazione, i propri linguaggi sovente incapaci di gestire la compatibilità dei sorgenti tra una release e l'altra. Da questo punto di vista il COBOL è una continua e piacevole eccezione: ho visto programmi scritti in Cobol 74 (su schede perforate...) compilati allegramente senza errori sugli odierni sistemi dopo quasi trent'anni di vita, ma ovviamente non consiglierei di partire con il COBOL a nessuno che non abbia voglia di trascorrere decine d'anni in sala programmazione a combattere con le "move".

Nessuno è perfetto

Tale aforisma finale risulta maggiormente valido nel campo della Scienza dell'Informazione. Per tornare al titolo di questo capitolo, il linguaggio di volta in volta migliore è quello che consente di "comunicare" sia al programmatore che all'utente con il minimo overhead ed il massimo feeling possibili. L'unico parametro veramente importante nella scelta di un linguaggio è l'equilibrio tra semplicità d'utilizzo percepita dallo sviluppatore ed efficienza richiesta dal committente. Tutto il resto non è che rumore di fondo durante la comunicazione.

Poscritto

Parlare del linguaggio richiede un metalinguaggio. Nel capitolo si è costruito artificiosamente tale metalinguaggio utilizzando concetti e strutture in grado di valutare concetti e strutture sottostanti, ed il metasistema così creato funge da punto di osservazione e valutazione. Ma la domanda sul "migliore linguaggio di programmazione", sul "sistema operativo più performante", sullo "smartphone più efficiente" continua imperterrita, e verrà posta sin quando esisterà un bar dello sport o un insieme di religioni differenti. Questo accade perché le opinioni personali, il senso comune e la logica sono entità tra loro incommensurabili. Ciò che invece lascia riflettere è la richiesta, spesso perentoria, di utilizzare un dato linguaggio, framework o ambiente di sviluppo a livello di specifica di fornitura, o come clausola di un bando di gara. Sostanzialmente, tra le righe del bando si riesce a leggere "Usate questo sistema perché così capisco quello che fate", o peggio ancora, "Usate quel sistema in modo che possa guadagnarmi una tangente nell'imporne l'acquisto".

E questo comportamento riflette una volta di più il livello al quale i manager dell'IT sono giunti.

Bibliografia

1. Luigi Morelli, "Programmare, che passione!", DEV n.104, Febbraio 2003

XI. Tempi moderni

Breve e salace descrizione di una burocrazia tecnologica

Tutti noi conosciamo l'opera di Charlie Chaplin che presta il nome alle divagazioni di questo racconto. Nella sua sottile vena satirica, l'"uomo preso nell'ingranaggio" viene magistralmente rappresentato con una capacità mediatica e medianica non comune. Il povero Charlot si ritrova suo malgrado a subire un trattamento degradante ed assurdo nonostante (o forse proprio a causa de)i suoi continui tentativi di ribellione al sistema, ribellione tutto sommato giustificata dal possesso di un senso comune acritico e non legato agli interessi di parte... meccanica.

Il principio di Peter

Lo psicologo canadese Laurence Peter affermava tra le altre cose una massima che è divenuta famosa con il nome di Principio di Peter: "In ogni gerarchia un impiegato tende a salire sino al proprio livello di incompetenza massima, quindi ogni lavoratore si stabilizzerà al minimo grado di efficienza". Paradossale? Neanche tanto... Prendiamo ad esempio una media società fornitrice di servizi informatici: con l'attuale scala meritocratica (ma qui la meritocrazia è solo un grazioso attributo, il Principio vale comunque) ogni successivo avanzamento di carriera di un lavoratore lo porta relativamente più lontano rispetto all'insieme di attività per le quali è stato premiato: un operatore può divenire tecnico di gestione e quindi sistemista, o intraprendere la carriera di tecnico di consulenza, che lo porterà verso la programmazione.

Entrambi diverranno poi progettisti, astraendosi dal lavoro manuale in grazia dell'Analisi, ed infine, dopo un periodo come quadro, potranno aspirare alla dirigenza. Ma attenzione: cosa è accaduto nel frattempo?

Semplicemente che ad ogni successiva specializzazione in un dato campo di applicazione del soggetto conseguiva una promozione ed un allontanamento dalle proprie caratteristiche capacità di problem-solving verso un ambito spesso differente, "per favorire una più ampia e variegata crescita professionale".

Alla ricerca dell'intelligenza perduta

Ohibò... Abbiamo perso dunque all'inizio la possibilità di creare un tecnico a delta di Dirac, iperspecializzato in un unico determinato campo, per farlo "crescere" su discipline diverse, poi lo abbiamo "maturato" imponendogli metodologie sovente in contrasto con la stessa filosofia aziendale togliendogli anche quel po' di specializzazione che gli era rimasta, quindi gli abbiamo proposto una puntatina nella gestione del personale (assolutamente incoerente con la programmazione, in quanto il personale non si comporta mai seguendo logiche binarie) e alla fine, quando la confusione nel tapino ha raggiunto l'acme, lo abbiamo trasformato in un perfetto dirigente. Ma cosa dirigerà costui, che ha perso il contatto con gli operatori 14 anni prima, con i programmatori 9 anni prima, con gli analisti 5 anni prima? Quali tecnologie porterà in dote all'azienda che lo ha creato dirigente, se non sistemi oramai obsoleti, linguaggi inusati, metodologie fuori mercato?

Ci siamo: l'impiegato è assurto al proprio livello di incompetenza massima. Il Principio di Peter ha funzionato ancora una volta.

Poscritto

Il "Principio di Peter" funziona anche sulla burocratizzazione della tecnologia.

Henry Ford ricordava al riguardo che "la gente può scgliere la propria nuova Model T in qualsiasi colore, purché sia nera", e dal magnate Americano il Commendatore Enzo Ferrari trasse il concetto secondo cui "tutto ciò che in un'auto non è presente, non può rompersi".

Al contrario, oggi i "progetti" nel mondo dell'IT sono cataste invereconde di framework e applicativi rilasciati da diversi produttori con diversi scopi, e messi assieme alla meglio per offrire una parvenza di funzionamento durante il test finale. L'esperienza acquisita non è contemplata. Nemmeno quando esiste.

Bibliografia

1. L.Peter-R.Hull, "Il principio di Peter", Bompiani-Garzanti

XII. Microservi

L'ultima frontiera tecnologica sembra consistere nell'ignorare le esigenze
di clienti e lavoratori

Il titolo ci viene mutuato da Douglas Coupland, autore di uno splendido romanzo
probabilmente (auto)biografico ambientato nella Silicon Valley dell'età d'oro del-
l'informatica, quando schiere innumerevoli di "programmatori-scimmia" venivano
attratte a Redmond con il miraggio di lavorare per la massima software house
mondiale.

Allora l'età massima per entrare a far parte dell'élite dei quadri responsabili era
trent'anni, e ciascun ufficio funzionava come un perfetto meccanismo ad orologeria
ben oliato. Si lavorava a termine, rispettando scrupolosamente le scadenze talvolta
sfruttando integralmente gli ultimi tre giorni prima della consegna, montando pezzi
di software direttamente dal proprio microalloggio al campus, tra bottiglie di cola,
scatole e tranci di pizza semidistrutti, giocattoli nerd, TV in sottofondo, mazze da
baseball e disordine. Era la libertà, si diceva: libertà dell'ingegno, della creatività,
della mente, mentre si veniva lentamente irreggimentati all'interno di un sistema che
non ammetteva errori.

I protagonisti della storia, i microservi appunto, hanno tutti un'età compresa tra i 22
ed i 27 anni, il desiderio di emergere da una situazione sociale in cui l'appiattimento
intellettivo medio consiste nell'appiattimento a zero, e le loro vicende raccontano di
una lenta e costante presa di coscienza della realtà esterna al proprio lavoro.

La realtà nuda e priva di strumenti per trattarla si dimostra immediatamente ostica;
ciascun ragazzo reagisce in modo diverso in una sorta di avventura "on the road"
postmoderna, lasciando appassire lentamente i propri sogni di gloria per accedere con
il dovuto rispetto alle problematiche insite nella vita quotidiana.

Si dice che i problemi che appaiono negli Stati Uniti vengono vissuti in Italia dopo una decina d'anni. In questo caso ovviamente non abbiamo compagnie del calibro di Microsoft o IBM, tuttavia anche qui da noi sono esistiti veri e propri giganti del software, aziende in grado di apparire tra le prime tre società europee del comparto per fatturato.

Se si passavano i durissimi test di ammissione si veniva accolti in un ambiente assolutamente elitario, dove i "camici bianchi" del CED erano il tassello meno importante, dove ai giovani neolaureati schierati davanti al Responsabile del Personale veniva spiegato: "I vostri cervelli sono la nostra principale fonte di lustro, pertanto faremo in modo di tenerli il più possibile aggiornati ed in forma".

Oggi molti di quei microservi italiani si trovano ad accedere al proprio posto di lavoro attraversando un corridoio sporco ed ingombro di sacchi dell'immondizia, per entrare nel proprio "ufficio", una stanza di 30 metri quadrati nel seminterrato, condivisa con altre 12 persone, senza un tavolo, un computer od una sedia, per compiere dopo vent'anni di servizio un lavoro che consiste nel cambiare l'account di accesso su ciascuno dei 1000 PC del Cliente entro un mese, alla mercé di capigruppo di dieci anni più giovani di loro, idiotes savantes privi delle basilari cognizioni di informatica e di sicurezza. Tutto ciò appare umiliante e disumanizzante, togliendo ai poveri microservi italiani quel poco di voglia di apprendere e di creare.

La storia di Coupland si conclude con una migrazione in massa dei protagonisti a Cupertino. Gli States hanno fatto dell'Antitrust un vanto.

Dove potranno andare invece i microservi italiani?

Poscritto

Non sono un esterofilo ad ogni costo, ma mi piace ricordare che il paradigma di Cupertino è risultato vincente rispetto a quello di Redmond. Durante un mio viaggio nella Silicon Valley, ho potuto apprezzare il fantastico panorama presentato durante l'uscita da San Francisco: centinaia di piccole e grandi aziende davano mostra di sé lungo l'autostrada, e spesso si riusciva a carpire l'organizzazione della società anche solo osservandone la struttura abitativa: McAfee aveva un cubo di cemento ed acciaio, ad esempio, Seagate un alto edificio cilindrico a base ellittica. Google... non era visibile dall'esterno, lungo El Camino Real. La cura nei confronti dell'impatto ambientale del gigante di Palo Alto riflette il concetto di organizzazione sostenibile: la struttura interna a tre livelli vale tanto per gli edifici quanto per l'organigramma aziendale, in quanto tra l'ultimo assunto ed il direttore generale dell'azienda sono presenti esclusivamente tre livelli gerarchici di differenza. Ciascun livello ha il proprio inquadramento professionale ed economico. Ciò comporta meno gelosie, meno scalate al successo, meno lavoratori (ed utenti!) calpestati per raggiungere il proprio scopo.

Tali realtà aziendali continuano a considerare i propri lavoratori un asset societario, e dopo aver selezionato accuratamente ciascun dipendente attraverso un processo che include tecnologia, conoscenze storiche e filosofiche, matematica e logica, offrono al neo-assunto un ambiente di lavoro assolutamente protetto e controllato per garantirsi la sua fedeltà.

Credo che il successo di Google sia il risultato di una attenta ed approfondita pianificazione industriale e tecnologica. Quante aziende, in Italia, possono vantarsi di aver realizzato il medesimo cammino?

XIII. Un editor per ogni programmatore

Scrivere veloce, scrivere meglio, scrivere commentato. Ma cosa occorre scrivere?

"Quando il vecchio Una-Pietra, il saggio del villaggio, si rese conto di ciò che aveva scoperto, poco mancò che gli mancasse il terreno sotto i piedi.

Un gruppo di ragazzini urlanti aveva preso di mira un cucciolo d'orso con le loro pietre appuntite: il cucciolo aveva cercato riparo all'interno della propria caverna, ma i ragazzini continuarono a perseguitare la povera bestia. Ciò che Una-Pietra vide fu la lunga ferita aperta nella pietra porosa della grotta nel punto in cui l'ossidiana appuntita l'aveva colpita; se un colpo inferto in modo maldestro può restare a testimonianza imperitura della propria presenza all'interno di un luogo riparato, lo stesso ragionamento potrebbe applicarsi a qualsiasi tipo di pittogramma, e consentire così di tramandare leggende e gesta eroiche dei propri antenati..."

Il testo riportato rappresenta un plausibile brano di un racconto di fantascienza sociologica ed ovviamente l'assonanza tra Una-Pietra ed Einstein è del tutto cercata; non è infine escluso che sia stato proprio un avvenimento del genere ad infondere nell'animo dell'Essere Umano l'idea della scrittura.

E d'un tratto, seimila anni dopo...

Lungi da me l'idea di iniziare in questa sede un dettagliato excursus sulle differenti forme di comunicazione scritta. È tuttavia possibile prendere il concetto come dimostrato, e procedere nella descrizione dei mezzi attuali di scrittura, composizione e correzione elettronica; in fondo a ben guardare, la differenza tra i metodi di scrittura di allora e quelli di oggi sono valutabili più o meno nella misura della modifica del concetto di editor dalla propria nascita ad oggi... Ma andiamo con ordine. Come oramai sappiamo, i primi computer venivano "programmati" in hardware, magari spostando a mano l'orientamento di anelli ferromagnetici che costituivano la "memoria".

La nascita dell'assemblatore simbolico, seguita a ruota dal primo compilatore, impose il problema di creare uno strumento in grado di "scrivere" e "mantenere" in modo persistente le informazioni richieste, per poterle riutilizzare in un secondo tempo. Oggi diremmo "un editor", utilizzando un barbarismo per il quale esistono purtroppo poche traduzioni italiane equivalenti, ma allora il concetto era totalmente nuovo.

I primi problemi sugli editor apparvero al solito con lo scontro tra standard de facto e quello effettivo: IBM utilizzava un sistema di trascodifica per lettere e numeri denominato EBCDIC (Extended Binary Coded Decimal Interchange Code) mentre i minicomputer (e UNIX su tutti) adottava lo standard ASCII (American National Standard Code for Information Interchange). Bisogna sapere che ovviamente ASCII ed EBCDIC erano assolutamente incompatibili sia nell'interpretazione della mappa dei caratteri che nei codici di controllo, oltre al fatto che EBCDIC adottava una codifica a 8 bit mentre ASCII si "accontentava" di 7 bit. Utilizzare un sistema di rappresentazione del testo in un simile frangente appariva già complesso; se a ciò si aggiunge che persino la trasmissione dati subisce una codifica differente, possiamo renderci conto di quanto pesante ed urgente apparisse la necessità di un sistema di trascodifica automatica. I primi editor avevano implementato un sistema di traduzione automatica, ed in più avevano la possibilità di trasformare ciascun carattere in esadecimale, garantendo una sorta di coerenza almeno a livello di mappa.

Mini e personal computer

La codifica EBCDIC, un tempo appannaggio esclusivo IBM, risulta attualmente relegata esclusivamente in ambiente mainframe. Il sistema ASCII al contrario, esteso ultimamente per garantire la corretta rappresentazione della punteggiatura e dei simboli propri dei linguaggi locali, gestisce la maggior parte delle comunicazioni. Perché dunque non creare un sistema che consenta la creazione e la modifica di testo in tempo reale intercambiabile tra i vari elaboratori? A ciò lavorarono in modo diverso sia il gruppo di sviluppo di UNIX, che creò una serie di programmi di utilità separati per la gestione, la formattazione, la stampa e la lettura di file di testo, sia i programmatori dei primi PC sotto CP/M. CP/M era il sistema operativo che andava per la maggiore verso la seconda metà degli Anni Settanta, ma come tutte le novità aveva problemi di versatilità: per lavorare su di un file di testo, ad esempio, era necessario lanciare una serie di comandi che via via cercassero la linea da modificare, la parola da modificare, il tipo di modifica, il salvataggio della modifica ed il ritorno in modalità comandi.

Proprio così: Ed, l'editor a linea di comando del CP/M, obbligava a lanciare in sequenza cinque comandi per correggere un'unica lettera! Niente di strano quindi che John Robbins Barnaby, allora impiegato presso la IMSAI come programmatore assembly sul sistema operativo, decidesse di renderlo più flessibile. Nacque così Ned, un New Editor scritto interamente in Assembly anziché utilizzare il farraginoso PL/M (un sottoinsieme di PL/1 espressamente progettato per i microprocessori). Ned era finalmente in grado di lavorare a tutto schermo, e di gestire il cursore in due dimensioni, oltre ad avere tutte le caratteristiche del vecchio editor di linea. Fu nel 1976 che Rubinstein, allora impiegato anch'egli in IMSAI, decise di uscire dalla società, e chiese a Barnaby di seguirlo: nasce così la MicroPro, ed i primi prodotti sono WordMaster e SuperSort. Ma WordMaster mancava ancora delle caratteristiche di stampa formattata, ed era talmente simile a Ned da portare la IMSAI a far causa a Barnaby. Questi non si perse d'animo, e riprogettò interamente la struttura dell'editor, creando così nel 1978 l'allora sconosciuto WordStar, l'elaboratore di testi che sarebbe entrato nella storia. Tra il 1978 ed il 1982 apparvero versioni di WordStar per quasi tutti i microsistemi dell'epoca, ivi compreso il DOS.

Fu proprio nel 1980 che AT&T contattò la MicroPro per avere un port di WordStar su UNIX, ma come sappiamo il prodotto, oramai giunto a diverse decine di migliaia di righe Assembly, era tutt'altro che "portabile".

WordStar, e gli altri.

Negli anni Ottanta WordStar veniva utilizzato praticamente per qualsiasi lavoro sotto DOS: lettere, programmazione, stesura documenti, appunti di testo. Aveva un sistema di salvataggio del testo particolare, che modificava il codice ASCII dell'ultima lettera di ciascuna parola aggiungendo 127.

Ovviamente nel sottobosco informatico fiorirono immediatamente decine di programmi per ricodificare il testo salvato in codice ASCII puro, tanto che nelle versioni successive venne aggiunta la possibilità di salvare i documenti in formato doppio. Il sistema, paragonato ai nostri editor attuali, era lento, farraginoso e pieno di trappole (se scappava un dito veniva lanciata la copia dell'intero documento, magari decine di pagine... ed il computer restava quasi sempre bloccato), ma consentiva già l'utilizzo di una rozza formattazione del testo. Certo, l'utilizzo del prodotto su monitor monocromatici (allora la maggior parte) ne impediva lo sfruttamento completo a meno di accettare la visualizzazione sullo schermo dei codici di controllo che però spostavano la visualizzazione delle parole da trattare.

Intorno alla metà degli Anni Ottanta appare WordStar 2000, che per la prima volta permette di visualizzare su di una pagina grafica il risultato finale del documento scritto, formattato e pronto per la stampa. Ma i tempi delle interfacce grafiche si avvicinano: GEM, Windows ed OS/2 iniziano a minare la saldezza del prodotto, mentre nomi blasonati come Ashton-Tate, Borland e Microsoft iniziano a produrre i propri sistemi per il trattamento dei dati. Intorno al 1990 viene percepita la nuova necessità di utilizzare editor con caratteristiche diverse a seconda del lavoro da compiere.

Di tutti i colori, per chi non fa errori

L'avvento delle interfacce grafiche rese il mondo del computer più allegro e divertente. I produttori di editor a tale proposito non restarono a guardare, inserendo nei propri prodotti sistemi di arricchimento del documento sempre più arditi.

Oramai un editor non viene più considerato esclusivamente un programma per scrivere un testo: abbiamo prodotti particolari che attraverso strumenti in background controllano la correttezza sintattica del testo, contano le parole e persino le lettere in esso contenute, eseguono analisi lessicografiche ad alto livello, suggeriscono nuove parole al fine di evitare ripetizioni indesiderate; è possibile utilizzare diversi font e colori contemporaneamente, e questa caratteristica viene sfruttata al massimo negli editor diretti alla programmazione: ciascun morfema viene colorato di un colore differente a seconda del tipo di elemento che rappresenta: numero, stringa di testo, parola chiave e così via. Sempre sugli editor orientati alla programmazione sono presenti macro che consentono funzioni di ricerca e sostituzione rapida, allineamento, formattazione e "beautifiyng" per rendere il codice prodotto più leggibile ed ordinato.

Allucinante... Sistemi di sviluppo integrato che appaiono come editor ma sono di volta in volta piattaforme di compilazione e linking, sistemi di desktop publishing, elaboratori d'immagine, gestori di dati e chi più ne ha più ne metta. Personalmente ho usato l'editor del DOS per diversi anni poiché stava comodamente su di un dischetto, consentiva alcune basilari ricerche ed operazioni di sostituzione e salvava in ASCII puro, quindi ad una prima lettura quest'ultima parte dell'articolo può apparire un po' negativa nei confronti dell'enorme sviluppo visto dal prodotto negli ultimi anni: in realtà io non sono tanto contrario allo sviluppo in sé quanto alla presenza di milioni di opzioni che verranno usate forse una volta da una persona ogni centomila, lasciando perplesse le altre 99.999 per tutto il resto del tempo. Ma si sa, io sono un po' all'antica...

Editor specializzati

Intendiamoci, esistono alcune funzioni che godono grandemente della presenza di prodotti specifici. Vorrei ricordare tra queste gli editor HTML (primo tra tutti Notepad...) attraverso i quali è possibile creare pagine Web con cognizione di causa, e capire finalmente il significato di tutti quei tag inutili o chiusi male lasciati dall'editor in questione; vorrei spezzare una lancia in favore dei nuovissimi editor XML, che consentiranno di creare documenti intercambiabili tra loro e di gestire formati personalizzati di accesso ai dati, rendendo ancor più profonda la disperazione di chi doveva combattere solo con archivi malgestiti via Access senza conoscere le forme di normalizzazione dei database; vorrei infine lodare la perspicacia e la lungimiranza di chi intende decidere per me che tipo di parola utilizzare all'interno dei miei articoli grazie all'utilizzo di motori di riconoscimento semantico per il miglioramento dello stile...!

Ovviamente stavo scherzando...

Purtroppo è però drammaticamente vera l'impossibilità di sfruttare al meglio la potenza nascosta nel cofano del nostro computer; io adoro lanciare programmi di calcolo in background, ma c'è chi preferisce l'arte o il divertimento alla ricerca pura. Non mi stupirò di certo nel vedere la nascita a breve di editor con finestra nella quale godere di Streaming TV o visualizzare i cartoni animati preferiti, lo considererò un segno del passaggio dei tempi (i miei) nei quali la scrittura e la programmazione erano dirette esclusivamente alla produttività, all'efficienza e soprattutto al piacere personale.

Poscritto

Godersi un bel film mentre si programma oggi è diventato possibile, anche se non saprei dire quanto valido dal punto di vista professionale. Richard Stallman aveva configurato il proprio Emacs rendendolo simile ad un vero e proprio sistema operativo.

È sicuramente piacevole scoprire in quanti modi differenti i produttori di software in genere, e di editor in particolare, vengono incontro alle richieste dell'utente finale. Eclipse, ad esempio, è un editor in grado di riconoscere automaticamente il linguaggio di programmazione utilizzato, fornendo syntax highlighting e autocompletamento delle funzioni con suggerimenti sul tipo dei parametri utilizzati.

Lasciatemi però raccontare un paio di aneddoti che lo riguardano...

Lavoravo come consulente presso un cliente specializzato in tecnologie aerospaziali; il ragazzo che si occupava dello sviluppo in JAVA utilizzava Eclipse. Purtroppo, a causa dell'elevata segretezza del sistema sviluppato, tutti gli accessi verso Internet eran stati bloccati, la versione di Java era stata modificata a livello di piattaforma centrale, ma Eclipse non aveva avuto modo di aggiornarsi automaticamente, e continuava a fornire all'utente disperato solo gli help contestuali di funzioni deprecate. Risultato netto: dopo aver correttamente passato il test in collaudo, il sistema si schiantava in produzione poiché la chiamata alla funzione deprecata non era stata visualizzata correttamente dall'editor, e lo sviluppatore non era stato in grado di accorgersene in quanto troppo legato alla falsa sicurezza fornita dall'editor. Colpa dell'editor o dello sviluppatore poco scaltro? Sicuramente un programmatore esperto non sarebbe incorso in un simile errore, ma la falsa sicurezza offerta da un editor superaccessoriato può aver avuto il proprio peso.

In un altro progetto mi sono trovato a contatto con programmatori (sempre JAVA) abituati ad utilizzare Eclipse. Purtroppo il cliente aveva messo a disposizione degli sviluppatori le proprie macchine peggiori (parlo di Pentium II 400MHz con 256/512 MB di RAM e Windows 2000/XP), ed Eclipse richiedeva il tempo cronometrato di 15-20 minuti solo per partile e caricare il sistema in sviluppo. Lavorare con breakpoint richiedeva pause di un minuto prima dello scarico delle informazioni di debug. Ovviamente lavoravamo d'inverno, e le macchine non erano sotto gruppo di continuità. Tralasciando per il momento la valutazione psichiatrica del responsabile hardware del progetto, è evidente che l'uso di un Notepad++ avrebbe grandemente giovato al progetto, lasciando il peso del testing sul sistema di collaudo e velocizzando in tal modo anche lo sviluppo, ma questo avrebbe richiesto, di nuovo, uno skill molto elevato nei programmatori (e l'esperienza si dovrebbe pagare).

Bibliografia

1. http://www.petrie.u-net.com/wordstar/history/history.htm

XIV. Ma quanto mi costi?

Breve viaggio nel mondo della produzione del software

Una sera mi trovavo in un pub con un mio amico, anche lui irrimediabilmente invischiato nel meccanismo che ci rende, talvolta nostro malgrado, legati a doppio filo al mondo dei computer. Tra una birra e l'altra quest'individuo, responsabile delle procedure di test software di una azienda di telecomunicazioni, mi chiede a bruciapelo: "Senti... tu sai programmare, vero?". Lo guardo di traverso, cercando di capire dove voglia arrivare. "Sai, il management mi ha chiesto di informarmi sui costi di sviluppo di un certo progetto, ed io ho iniziato a raccogliere dati, ma vorrei confrontare i miei risultati con te, dal momento che a me non sembrano corretti..."

La cosa mi incuriosisce, e lo esorto a proseguire. "Si tratta di questo: quanto tempo e denaro pensi sia necessario per creare un unico programma che sappia contare le linee di commento nei sorgenti Java, Visual Basic, C e C++?" Ci penso un momento, poi affermo deciso: "Beh, credo che con 32 minuti e cinquantamila lire ce la potrei fare." Il mio amico lascia cadere la mascella, poi le braccia, infine rischia di far cadere anche il boccale di ambrato liquido che si accingeva a sorseggiare. "Ma mi prendi in giro?" Mi chiede. Gli spiego che un programma di filtro di quel genere è banale, basta creare in analisi una opportuna griglia di test ed implementarla. Ma qual è la ragione di tanta sorpresa? "La società che ho contattato io, già fornitrice della mia società, mi ha chiesto 95 milioni e un anno-uomo..."

È la volta del sottoscritto di lasciar cadere la mascella e le braccia. Ecco perché nessuno prende sul serio i miei preventivi! Ma com'è possibile una simile disparità di comportamento? È presto detto... La società fornitrice conosce bene l'appaltatore, e sa che al vaglio dell'ufficio acquisti la cifra verrà tagliata di un 10% che andrà a favore di colui che apporrà la firma di visto, e di un altro 15% che risulterà pari allo "sconto" che verrà effettuato a favore dell'azienda richiedente. Un ulteriore 5% sarà il bonus concesso al termine del contratto come "revisione prezzi" non imposta (ricordiamo che per essi occorre un anno-uomo per concludere il progetto).

Il pagamento del contratto, infine, sarà effettuato secondo la regola 30% alla firma, 40% alla consegna e 30% alla verifica; ciò, con i tempi della nostra burocrazia, significa che l'ultima parte del pagamento avverrà circa quattro mesi dopo la verifica del progetto. Quindi l'azienda fornitrice deve in qualche modo tutelarsi per offrire un servizio continuativo e coerente, e questo giustificherebbe la discrepanza tra le offerte. Ed ecco che la cifra richiesta, dopo la sottrazione delle percentuali descritte prima, assomma a circa 68 milioni, stipendio lordo di un programmatore in un anno più una percentuale di guadagno per la ditta che esegue il lavoro.

I conti tornano, ma... un "programmatore quadratico medio" impiega davvero un anno a preparare quel benedetto filtro? Alla prova dei fatti abbiamo riscontrato due possibilità: un programmatore scarso, senza il supporto dell'analisi, produce un codice che l'esperto in test smonta in pochi secondi mostrando tutti i casi particolari, e deve rimettere mano al sorgente almeno sei volte. Un analista impiega tre volte più del programmatore a creare codice efficiente, ma alla prova dei fatti deve modificare il proprio sorgente solo una o due volte. In entrambi i casi, comunque abbiamo raggiunto lo scopo con un mese-uomo. E gli altri undici? Serviranno a gestire le comunicazioni commerciali tra le aziende, la burocrazia, il Sistema della Qualità, i ritardi, le ferie dei responsabili, le nuove pianificazioni, le ristrutturazioni del personale, le inversioni di rotta del management e così via...

Poscritto

All'analisi appena svolta occorre aggiungere un paio di considerazioni che appesantiscono ulteriormente il costo finale del progetto: i pagamenti dei fornitori da parte della Pubblica Amministrazione ed il turn-over del personale.

Il primo elemento rappresenta un punto particolarmente sensibile nella gestione dei costi aziendali di un progetto; se infatti è vero che la Pubblica Amministraione ha creato all'uopo i Portale Acquisti in Rete (www.acquistinretepa.it/) per velocizzare tutte le procedure di acquisto al di sotto di una determinata soglia, lo stesso accreditamento al portale risulta farraginoso, ed è fatto obbligo all'azienda di produrre una documentazione DURC esente da problemi. Tutto ciò ricorda il paradosso del Comma 22, in quanto le aziende che cercano di sopravvivere a questo periodo di crisi hanno spesso i conti non in perfetto ordine a causa dei pregressi pagamenti ritardati della P.A., e quindi non dispongono di un DURC accettabile.

Il secondo elemento non viene quasi mai contabilizzato in un progetto: si tratta di personale acquisito attraverso agenzie di lavoro interinale, non dotato di particolare esperienza in ambito lavorativo, che viene rifiutato dal Cliente in quanto non all'altezza delle aspettative (o, peggio, con capacità troppo elevate per il tipo di lavoro richiesto, e quindi, sottopagato, non in grado di rendere a dovere). La sostituzione di tale personale comporta costi aggiuntivi sia per il Fornitore, che dovrà nuovamente affidarsi d un sistema di selezione del personale esterno pagando la vacanza contrattuale di tasca propria, sia per il Cliente, che dovrà sobbarcarsi l'onere di formare il nuovo personale attraverso corsi propedeutici o affiancamento, con una perdita netta nella produttività.

.

XV. Fattori di un prodotto

Cosa lega il marketing, la stupidità, il genio, la semplicità ed il potere?

Il paradiso può attendere

Nonostante l'accenno alla stupidità, non ho ancora perso del tutto le mie capacità cognitive, ed anche se intendo parlare di una nota e per molti versi toccante situazione mediatica sulla forza dei sentimenti nei confronti del potere intransigente, non mi riferisco all'omonimo film. Il paradiso, nel nostro caso, non è infatti un luogo dove il bravo programmatore potrà finalmente trovare la propria pace al termine dell'agonia quotidiana all'interno delle strutture lavorative: piuttosto si tratta di un miraggio, una idilliaca rappresentazione di come il nostro mondo potrebbe apparire se solo...

Ma noi oggi non abbiamo un paradiso da lasciare attendere, vale la pena pertanto rimboccarsi le maniche e cercare di mettercela tutta per rendere questa valle di lacrime quanto più simile sia possibile ad un luogo ameno in cui lavorare.

Ricercato per avversione al regime

Da ciò che è stato scritto si deduce una mia visione non particolarmente favorevole del presente informatico, anche se i punti salienti del problema non sono ancora stati messi in luce; la mia formazione scientifica e tecnica, quand'anche solo lontanamente completa, mi porta comunque a tentare di analizzare le ragioni dell'incoerenza di fondo rappresentata dal comportamento di un vasto settore dell'IT management nostrano e mondiale. Analizzare, ho scritto, perché è proprio sull'analisi brutale che ho trovato la maggior parte delle lacune nei ragionamenti dei miei interlocutori.

Stiamo parlando ovviamente delle ragioni per le quali gli enti statali, le grandi società, le piccole e medie aziende si trovano a pagare fior di milioni (di Euro) per garantirsi un ingresso valido nel mondo dell'ICT senza nemmeno chiedersi se non valga invece la pena di investire quei capitali ingenti in altre forme di avanzamento tecnologico. Il problema fondamentale è che aziende alimentari, gruppi editoriali, cantieri edili, meccanici o chimici si sono occupati nell'arco della propria esistenza, ed a ragione, esclusivamente del proprio settore di competenza, osservando il mercato, spiando le mosse degli avversari, giocando d'anticipo negli investimenti o nelle riconversioni, ma quasi mai hanno dotato le proprie linee direttive di specialisti informatici, preferendo legarsi spesso a società di consulenza esterne. A questo punto però si verifica il paradosso per cui una medesima azienda di consulenza (o di body rental tecnologico) si trova spesso a fornire consulenza e personale a società avversarie tra loro.

Capita così che per mantenere basso il costo delle risorse umane investite, diversi consulenti vengano alle prese con sistemi server, password e politiche di sicurezza di entrambe le società; poi, nei giorni di assenza di alcuni di loro (siamo umani e possiamo ammalarci) le risorse vengono rimescolate tra le aziende. E se pensate che nessuna azienda permetterebbe l'ingresso al proprio interno di personale che possa in qualche modo carpire segreti industriali e riproporli ai propri nemici giurati del settore, siete in errore: ne ho conosciute personalmente almeno quattro nell'ambito della mia pur breve permanenza sul campo.

Crescita esponenziale dei problemi

"Ma se non possiamo fidarci della consulenza esterna, come potremo far parte del gotha informatico?"

L'analisi ci viene di nuovo incontro: sarebbe infatti sufficiente creare nel cuore dell'azienda una struttura giovane, agile, dinamica e motivata, in grado di seguire gli sviluppi del mercato informatico mondiale e riproporli all'interno della società interpretando i problemi e fornendo risposte ad hoc alla classe dirigente; costoro tuttavia con illuminata decisione prenderanno in considerazione ciascun progetto e successivamente bocceranno ad una ad una tutte le proposte più innovative, tagliando i fondi per la ricerca e la formazione, riducendo il personale più qualificato (e quindi costoso) adducendo classici motivi di budget, ed infine chiudendo la struttura giovane ed agile, per tornare ad affidarsi a più costose, pachidermiche ed insicure società esterne... nelle quali hanno però una partecipazione azionaria.

E queste società di consulenza esterne, nutrite e coccolate dall'alta dirigenza, si guarderanno bene dal fornire ai propri mecenati soluzioni troppo innovative o, peggio, tecnologicamente avanzate (in altre parole, care), e finiranno con il riconoscersi nel comportamento dello staff direttivo delle aziende cui offrono consulenza, perdendo via via lucidità, prestigio ed efficacia tecnologica, e subappaltando i lavori oramai troppo complessi per le loro oramai involute capacità a nuove, piccole aziende.

Esisterebbe un freno a questa spirale perversa, qualora con l'avvicinarsi delle capacità medie allo zero i progetti non riuscissero più a reggersi sui propri bit; la pianificazione di una rete di trasmissioni internazionale, la creazione di una serie di cluster server suddivisi in ambito geografico, la necessità di mantenere le prestazioni al di sopra di una data soglia (che per intenderci non è mai cresciuta, bensì solo rinnovata di contratto in contratto, ma il cui raggiungimento risulta all'azienda sempre più problematico a causa delle intrinseche carenze viste prima), l'incapacità in altre parole di garantire sviluppo e gestione di un progetto che non crollasse sotto il proprio peso han reso infine necessario il ricorso a fornitori di software dotati di soluzioni applicative pronte all'uso.

Giganti dai piedi d'argilla

I grossi nomi dell'informatica oramai sono noti a tutti, così come noti sono gli slogan più comuni: facilità d'uso, disponibilità di personalizzazioni, help desk online, technical services, aggiornamenti costanti, rappresentano tutti una stessa ipocrita faccia della medaglia; a cosa serve infatti la facilità d'uso se la macchina installata si blocca?

A cosa le personalizzazioni se come si esce dall'installazione canonica per tentare una soluzione disegnata sul proprio problema si viene caldamente sconsigliati dal fornitore? Si può chiamare help desk un sistema che smisti le richieste di assistenza a tecnici "momentaneamente non presenti in sala – richiami più tardi" (quando risponde)? Ed infine cos'ha di tecnico un servizio che tiene l'utente bloccato decine di minuti in interurbana per controllare il numero di licenza del software mentre il sistema dell'improvvido chiamante sta andando arrosto sotto il fuoco di fila dei pirati informatici?

Non mi sto, naturalmente, riferendo ad un unico fornitore globale di servizi o soluzioni integrate, mi riferisco a tutti: come abbiamo visto nei primi paragrafi, qualsiasi azienda che cercasse di eccellere in tutti i campi dell'ambito tecnico e commerciale sarebbe soggetta a crollare sotto il proprio stesso peso. Purtroppo è il mondo occidentale che obbliga a non fermarsi, a crescere sempre, magari a scapito di avversari meno scaltri (o di prestazioni meno valide, o di sicurezza meno controllata); crescere, rafforzare la propria posizione di monopolio o cercare di raggiungerla, perfezionare l'immagine del proprio prodotto e solo in seguito curarne i dettagli implementativi. Ma soprattutto, consci della pratica mutuata dal Judo e nota come "tecnica dello sbilanciamento", far trovare sempre e comunque l'avversario non in equilibrio rispetto a te ed al tuo prodotto. Poco importa che il tuo avversario sia un'altra società o il tuo miglior cliente: l'importante è farlo sentire in difetto. Ma attenzione ai contraccolpi...

KISS, ovvero keep it simple, stupid

La situazione attuale vede quindi colossi commerciali incapaci di fornire un prodotto tecnicamente stabile ed efficiente, e giganti tecnologici senza una valida ed efficace strategia di marketing che si spartiscono un mercato in cui le prestazioni dei prodotti tendono pericolosamente verso lo zero. Entrambi intenti a legare mani e piedi di un utente non smaliziato e privo delle capacità di discernere il bello dal vero in un mondo in cui, con buona pace di Keats, verità e bellezza non esistono più. Il paradiso può attendere, dicevamo.

O forse no.

Esistono fortunate eccezioni nel mondo dell'Information Technology; fedeli al contrappasso precedente abbiamo nuovamente due gruppi: i nuovi pionieri dell'Informatica ed i fornitori di soluzioni integrate a costo zero.

I primi rappresentano un agguerrito nucleo di programmatori e sistemisti, in parte delusi dal proprio lavoro attuale e desiderosi di proporre le proprie potenzialità all'intero gruppo degli utenti di computer: riuniti spesso in gruppi di studio approfondiscono tematiche d'avanguardia per accrescere la propria cultura professionale e mettono poi il frutto del loro lavoro a disposizione di chiunque creda nelle loro idee, gratuitamente. In genere sono professionisti che non vogliono denaro o potere (le loro abilità sono evidenti ed il loro futuro sicuro) quanto piuttosto ammirazione, fama.

Una fama costruita sulla solidità e sull'efficacia delle soluzioni proposte e "regalate" al pubblico dominio. I prodotti ed i servizi offerti sono in genere di una spanna almeno superiori a quelli commerciali, e vengono aggiornati di continuo per difendere il buon nome del pool di sviluppo che li ha presentati; spesso vengono forniti completi di codice sorgente, per dimostrare che il software realizzato non contiene bachi o backdoor.

Il codice sorgente a disposizione rende il più delle volte l'applicazione portabile su più piattaforme, consentendo una standardizzazione dei codici di configurazione ed un livello di personalizzazione decisamente superiore a quello dei prodotti "commerciali", ed il fatto che il progettista non prenderà un soldo dalla distribuzione del proprio software testimonia l'assenza di parti poco sviluppate a causa magari di un time to market sbagliato. Il secondo gruppo al quale si è accennato parte dalle mosse del primo, ed offre alle aziende prodotti "chiavi in mano" a costo zero, occupandosi invece esclusivamente della fornitura dei servizi di configurazione ed assistenza.

Consci della robustezza del prodotto, forti del possesso del codice sorgente e della disponibilità degli sviluppatori, possono così garantire un prodotto gratuito, costantemente aggiornato, ben noto e configurabile all'estremo, focalizzando la propria attenzione esclusivamente sul settore dell'assistenza all'utente. Praticamente l'uovo di Colombo.

Inerzia e incapacità

Mentre il settore delle piccole e piccolissime aziende vede molto favorevolmente l'avvicinarsi di questo nuovo modo di "fare informatica", i grandi enti non si fidano. L'incapacità oramai radicata di diversi dipartimenti dell'IT di prendere decisioni controcorrente, avveniristiche o visionarie, le connivenze esistenti un po' ovunque nel settore commerciale, l'imposizione di uno standard de facto che, pur non aggiungendo nulla (o piuttosto sottraendo molto) in termini di funzionalità, lega pesantemente lo sviluppo e la distribuzione degli standard de jure, obbligherebbe comunque diversi responsabili a tornare sui libri per studiare sistemi meno noti e soluzioni proposte da società dotate di divisioni giuridiche e di comunicazione meno efficienti.

Ma perché dover studiare nuove proposte quando la soluzione è a portata di mano con pochi semplici clic? Poco importa se poi, sotto il cofano, bielle e pistoni non sono sincronizzati... Attenzione: non si sta in questa sede dichiarando che qualsiasi scelta sia meglio della scelta standard, tutt'altro! Si vorrebbe al contrario evitare di dare per scontato che tutte le soluzioni alternative siano inferiori solo perché così dicono le caratteristiche riportate sui pieghevoli, dimenticando sistematicamente che l'Informatica è una scienza tecnica, non commerciale e che due più due potrebbe non fare necessariamente quattro, bensì undici: tutto dipende dalla base di partenza.

A costo zero

Questo è ciò che, a mio modesto avviso, frena pesantemente l'introduzione di nuove tecnologie "a zero Euro" nelle grandi aziende. La paura della mancanza di assistenza vuole mascherare l'incapacità di seguire un mercato non omogeneo, il timore dell'uscita dagli standard persegue il rafforzarsi dello standard. D'altro canto non mi si venga a dire che mettere in comunicazione sistemi basati su diversi database relazionali via SQL sia assolutamente trasparente, standard o meno. L'unico punto sul quale mi potrei sentire in accordo con gli IT manager è la riconversione delle risorse umane, abituate a lavorare con determinati strumenti... almeno sino alla domanda successiva: chi ha voluto trasformare individui dotati di cervello e volontà in scimmie-robot che schiacciano incessantemente bottoni virtuali senza capire cosa ci sia sotto?

Poscritto

Siamo alle solite: quando la progettazione tecnica viene gestita attraverso i canali commerciali, massime in tempi di crisi, il risultato finale risulterà inaffidabile. Questi ultimi cinque anni hanno mostrato una strettissima correlazione tra il risanamento economico dei paesi UE e la loro tendenza ad investire su ricerca e sviluppo. Il paradigma R&D risulta sempre vincente quando il momento storico presenta un ristagno nei consumi: è la solita, antichissima storia del cercare idee nuove ed applicazioni inedite per favorire lo sviluppo di nuovi mercati.

In Italia il settore IT subisce, oltre alla crisi, anche l'ingessatura di una burocrazia elefantiaca, mentre la classe dirigente sempre più anziana e conservatrice cerca di risucchiare le ultime gocce di linfa possedute da un settore in fase terminale; quando il Cliente (per lo più la Pubblica Amministrazione) chiede un Service, il Fornitore lo accontenta, anche a costo zero.

Ricordo che invece, venti anni or sono, la Pubblica Amministrazione chiedeva assistenza nel risolvere un problema, e schiere di tecnici e progettisti sulla cresta dell'onda fornivano soluzioni avanzatissime, riformulando completamente la specifica iniziale (spesso farraginosa e dipendente da un antiquato sistema di valutazione dei flussi informativi) ed offrendo valore aggiunto (a peso d'oro). E se il Cliente si impuntava nel volere per il proprio problema proprio la soluzione valutata in casa, spesso il progetto veniva rifiutato.

Oggi il crollo del mercato ha comportato un totale abbassamento del livello professionale della consulenza, e anche a parità di problemi da risolvere, l'ottanta per cento delle sedicenti società di consulenza informatica attuali china il capo e accetta di lavorare per poche briciole sul progetto e sulle soluzioni proposte dal Cliente per mancanza di skill professionale adeguato.

In altre parole, continuiamo ad offrire gli stessi servizi di venti anni fa, ad un prezzo pari ad un quarto, e senza le medesime garanzie di successo.

E sin quando non si provvederà ad infliggere una brusca sterzata al settore, il futuro peggiorerà. Spero solo che quando ciò accadrà non sia troppo tardi.

XVI. Chi controllerà i controllori?

Nascondi le prove del tuo errore ed apparirai innocente

Ricordo che quand'ero bambino, talvolta fingevo di divenire invisibile.

Chiudevo gli occhi stretti stretti e gridavo "Ora non mi vedete, non mi vedo nemmeno io!". Era un gioco che molti bimbi hanno conosciuto e condiviso. Crescendo, poi, ciascuno ha appreso che la realtà oggettiva è spesso più penetrante di quella soggettiva, e che per essere invisibili non era sufficiente non guardarsi: era invece necessario che l'invisibilità fosse accettata anche dal resto del mondo. Ma ciò comportava un paradosso: nel momento in cui accetto la tua invisibilità automaticamente sono conscio della tua esistenza e posso comportarmi di conseguenza...

Segreto di società e società segrete

Il 9 Novembre 2001 è apparso sul Web uno strano comunicato. Il contenuto era approssimativamente il seguente: "Microsoft e cinque tra le principali società responsabili della sicurezza informatica (Bindview, Foundstone, Guardent, @Stake e Internet Security Systems) si sono riunite per annunciare formalmente una coalizione contro la divulgazione completa delle informazioni relative alla vulnerabilità dei computer. [...] I membri della coalizione che scoprissero nuove falle della sicurezza ometteranno nelle loro dichiarazioni pubbliche tutti i dettagli relativi a come la falla possa essere utilizzata in un attacco, evitando altresì di includere codice che dimostri il malfunzionamento relativo al baco scoperto." Scott Culp, responsabile del security response center di Microsoft, ha dichiarato al riguardo che "Noi, in qualità di responsabili di un settore trainante, pensiamo di creare e seguire un insieme di standard ragionevoli".

Obiettivo principale del gruppo sarà quello di "scoraggiare in tutti i modi la divulgazione completa", ovvero la pratica comune di rivelare tutti i dettagli relativi ai buchi di sicurezza, poiché tale pubblicazione potrebbe aiutare eventuali attaccanti nell'utilizzarli.

Chiavi di lettura alternative

La lettura di una simile notizia mi ha lasciato parecchio perplesso.

Le ragioni della mia perplessità sono molteplici. Innanzi tutto occorre ricordare che una falla od un baco in un prodotto qualsiasi significa spesso una progettazione affrettata, la mancanza di test efficaci, una scarsa attenzione nell'applicazione delle specifiche di produzione e così via. Ora, il fatto che l'errore si possa verificare in un prodotto dedicato alla sicurezza non inficia minimamente la questione del software scritto male. Se il prodotto è difettoso va cambiato, ed è diritto dell'utente poterne controllare l'effettiva efficacia delle modifiche apportate.

Qualora, come paventato nell'articolo, le specifiche interne dell'errore progettuale fossero tenute nascoste, nessuno più potrebbe controllare l'avvenuta correzione dello stesso.

In secondo luogo, vorrei ricordare un brano di una intervista di Focus (l'importante rivista tedesca di settore) a Bill Gates. Una delle domande poste era: "Per quale motivo versioni successive di uno stesso prodotto presentano talvolta lo stesso malfunzionamento?". La risposta di Gates fu: "Tendiamo ad offrire migliorie al cliente in base alle richieste di aggiunta o correzione pervenute ai nostri call center. La customer satisfaction prima di tutto. Se l'utente richiede più spesso uno strumento per impostare disegni in un documento Word anziché la correzione dei filtri di importazione dalle versioni precedenti, noi soddisfiamo la richiesta del cliente". Ovvio che se il cliente non è portato a conoscenza dei bachi e delle falle nella sicurezza del prodotto che usa non potrà mai lamentarsene...

Infine, la documentazione di un bug può rappresentare un problema per migliaia di responsabili per la sicurezza nelle aziende, ma non è sicuramente un deterrente per chi è abituato a forzare i sistemi di sicurezza: costoro sono spesso dotati di ampia manualistica di internals di contrabbando e utilizzano il reverse engineering senza porsi problemi di liceità o di legalità: sono spesso costoro che scoprono le falle non documentate nei sistemi atti a garantire la sicurezza, quindi la mancanza di divulgazione delle specifiche relative ad una falla nei sistemi di sicurezza non rappresenta per essi un vero problema.

Poscritto

Il concetto di "Security through obscurity" è un concetto datato, sconsigliato da tempo dai guru della Sicurezza non solo informatica; tuttavia ad un neofita appare spesso molto più semplice da implementare, dal momento che si basa su criteri di segretezza e concetti di controllo sviluppati nel corso dei secoli. Poco interessa, a costoro, che nell'ultimo mezzo secolo l'Information Technology e l'"algebra astratta abbiano compiuto passi da gigante. La segretezza legata ad una password è debole quanto la memoria (o i post-it) del proprietario. Al contrario gli attuali algoritmi di cifratura si basano sempre più spesso sulla sicurezza offerta da un algoritmo pubblico che utilizza chiavi pubbliche: porre alla luce del sole la gestione delle chiavi e la loro codifica elimina completamente il problema della segretezza, basandosi soltanto sulla difficoltà computazionale di invertire un processo particolarmente semplice ed efficiente.

L'idea di bloccare la diffusione di buchi di sicurezza nasce morta: sempre maggiore è infatti il numero di hacker distribuiti che testano automaticamente l'intero arsenale dei propri passe-partout su ciascuna nuova release del software, e solo la pubblicazione in tempo reale di errori da parte dei produttori è in grado di bloccare sul nascere il proliferare di attacchi informatici anche seri a livello mondiale, e garantire la sicurezza del cittadino da attacchi indesiderati alla propria sfera privata.

XVII. Storie di mala...informatica

Come unire al danno anche la beffa

Alcune settimane or sono parlavo con una mia conoscente di Roma.

La signora ha avuto alcuni problemi di salute, e per una questione di prevenzione (termine oramai usato e talvolta abusato nel campo della salute) ha deciso di richiedere un esame particolare, denominato RX mammografia bilaterale presso una ASL. La signora si è correttamente rivolta al CUP della ASL, centro unificato di prenotazione, il giorno 3 luglio, per ottenere la data della visita ed il nome del medico. Il CUP in questione ha correttamente controllato attraverso il proprio terminale le disponibilità degli specialisti e degli ambulatori, per fornire infine alla signora un appuntamento il giorno 12 di novembre. Sorvoliamo pietosamente sulla necessità di attendere 130 giorni tra la richiesta e la visita, dal momento che ci occupiamo soprattutto di informatica e non di servizi sociali.

La beffa è infatti giunta successivamente.

La signora, che durante l'attesa per la visita, ha felicemente compiuto 45 anni, mi raccontava che con quarantacinque primavere sulle spalle la visita specifica da lei richiesta veniva in genere erogata gratuitamente.

Il ticket emesso dal CUP, invece, richiedeva il pagamento di una cifra vicina ai 40 euro per la fruizione della prestazione. Evidentemente il programma di prenotazione elettronica ha tenuto conto della data di richiesta della prenotazione, e non di quella effettiva di fruizione. Una rapida telefonata al centro di prenotazione, tuttavia, lasciava esterrefatta la mia conoscente: non era possibile, infatti, modificare attraverso il programma la data di prenotazione o la cifra richiesta dal ticket. Anzi, ad un tentativo di protesta della signora l'impiegato rispondeva seccamente di rivolgersi alla ASL di zona per avere maggiori ragguagli. Inutile dire che il telefono del centralino della ASL di zona risuonava perennemente sordo ad ogni tentativo di contatto.

Dal momento che allora mi occupavo di servizi informatici presso le pubbliche amministrazioni, ho tentato di capire di chi fosse la responsabilità del programma, per tentare di correggere il malfunzionamento prima che questo giungesse all'orecchio dell'opinione pubblica. Dopo svariate telefonate (anche in questo caso la latenza di informazione e la latitanza di informatori non si discostava dal proverbiale) sono venuto a sapere il nome della società che si occupava dello sviluppo del programma; ma ad una mia richiesta specifica per ottenere i riferimenti telefonici mi veniva seccamente rifiutata l'informazione: il gruppo responsabile del progetto apparteneva infatti ad un raggruppamento temporaneo di impresa differente da quello che avevo contattato io, e tra gruppi avversari esiste da sempre una sorta di lotta intestina: il fallimento di un gruppo in un progetto significa infatti quasi sempre la chiamata di un nuovo gruppo per mettere la classica pezza al progetto ed acquisirne i diritti di sviluppo.

Una questione squisitamente economica, gestita dalle leggi ferree del mercato. Il vecchio detto mors tua, vita mea veniva così cinicamente applicato sulle spalle del cittadino, un cittadino tra l'altro gravato da problemi di salute non indifferenti.

Appare difficile, in un contesto simile, concepire in che modo questo o quel raggruppamento temporaneo d'impresa possa presentarsi ad una gara pubblica che presupponga il miglioramento globale delle condizioni sociali dell'utente, eppure questo è ciò che in realtà accade: il valore tecnico del progetto consente l'acquisizione di punteggio valido per l'assegnazione della gara, a prescindere dalle connotazioni etiche e morali di colui che lo presenta.

Durante la mia educazione mi veniva spesso ripetuto che una persona egoista difficilmente poteva pensare di agire per il bene degli altri, che la valutazione morale dell'individuo (non il giudizio, si badi, nessuno può giudicare i propri simili senza avere avuto la loro esperienza!) non poteva prescindere dal suo comportamento in pubblico, che uno scienziato od un filosofo che non seguissero gli insegnamenti da loro stessi propugnati erano probabilmente in malafede.

La domanda sorge spontanea: quanti prodotti per la gestione automatizzata dei servizi al cittadino soffrono delle carenze appena descritte? Quanti sono i centri in cui la pressante richiesta dell'e-government ha imposto il passaggio agli archivi informatici senza tuttavia controllare che fosse verificato il rispetto della normativa vigente?

Posso dire per esperienza che numerosi sistemi del genere sono stati costruiti grazie alla buona volontà del singolo o della piccola ditta (ma talvolta anche di quella grande), con un occhio di riguardo al trattamento dei dati formali, ma sovente privi del voluminoso dossier relativo alle eccezioni alla regola. Programmi "informaticamente" efficienti ma talvolta carenti dal punto di vista burocratico.

Efficienza nel settore IT significa anche profonda conoscenza della normativa, capacità di analisi e sistema sperimentato di test-case. E forse anche correttezza etica nel non mettere i propri interessi al di sopra di quelli delle persone che si intendono aiutare. Ma non andate a raccontarlo in giro, o vi prenderanno per marziani...

Poscritto

Episodi di gestione carente delle strutture della Pubblica Amministrazione legati ad una cattiva organizzazione delle risorse sono purtroppo all'ordine del giorno. Ecco alcuni esempi.

Un'azienda italiana, leader dell'IT, acquista un programma per la gestione delle timbrature del personale sanitario da un fornitore israeliano; il programma utilizza una interfaccia VT100 (terminale stupido) per colloquiare con il sistema della raccolta delle informazioni, ma le specifiche di progetto prevedono solo quattro "rientri" (ovvero otto timbrature) per persona al giorno. Il gruppo responsabile dell'analisi ritiene questa specifica più che sufficiente per la gestione del personale. Solo dopo un anno appare evidente che la limitazione suesposta non è atta a garantire gli spostamenti dei medici tra le sedi: sovente un medico si trova a suddividere la propria attività tra sette-otto differenti strutture, e questo comporta un utilizzo dei sistemi di controllo cartaceo della timbratura in parallelo a quello telematico: in pratica un raddoppio dell'inefficienza che si era tentato di eliminare.

Sempre in ambito sanitario, il progetto fornito ai Pronto Soccorso regionali per la gestione del triage non ha tenuto conto delle più elementari norme di physical e logical planning: in pratica le casistiche previste dal programma non erano allineate con le effettive esigenze delle strutture, la gestione delle code era farraginosa (i codici di accettazione non si allineavano correttamente secondo gravità e tempi di arrivo, gestendo le due possibilità solo in alternativa); infine alle prese di rete all'interno degli ambulatori di competenza dei medici, non risultavano associate le scrivanie relative, ed il medico era costretto a spostarsi in altro ambulatorio o a poggiare il terminale su una lettiga per poter refertare il degente. Anche la condivisione in rete delle stampanti offriva il "minuscolo" problema di non consentire un accesso universale a causa dei differenti diritti di accesso tra le postazioni mediche e di accettazione.

Infine, il progetto "Emoticon", voluto fortemente dal Ministero per la semplificazione, è stato gestito in modo asimmetrico: il progetto di massima non teneva conto del sistema informativo già presente, gli analisti di rete hanno progettato l'infrastruttura senza tener conto delle limitazioni e degli strati di sicurezza preesistenti, i programmatori hanno gestito lo sviluppo senza controllare le applicazioni preesistenti nelle strutture, i responsabili della comunicazione non hanno avvertito per tempo i responsabili dei service-desk, i contratti di manutenzione non erano stati correttamente dimensionati.

Risultato: il giorno della partenza del progetto solo il 12% delle postazioni era attivo e funzionante, ma la circolare ministeriale imponeva da quella data che il 100% degli uffici pubblici rendicontasse il gradimento del nuovo servizio all'utente.

XVIII. Riflessioni di una tecnologia ottuagenaria

Viaggio alla ricerca di un criterio di valutazione per l'uso di informazioni nascoste

Il titolo vi potrà a prima vista suonare conosciuto, complice magari l'ultimo termine oramai desueto ed indice di una scuola letteraria oramai lontana nel tempo, in un grazioso incastro di sintassi e semantica autoreferenziali. Il riferimento è d'obbligo: ho voluto infatti parafrasare l'insigne Norberto Bobbio, autore di un'appendice autobiografica intitolata per l'appunto "Riflessioni di un ottuagenario" appartenente al suo De Senectute; In esso Bobbio tratta il problema dei diritti nel mondo contemporaneo da profondo conoscitore del pensiero filosofico e sociale del suo secolo, complice la propria autorevole esperienza sul campo. A dire il vero lo stesso Bobbio aveva scelto il titolo ricordando con una punta di malcelato compiacimento il suo illustre predecessore Ippolito Nievo, autore delle "Confessioni di un ottuagenario" pubblicato postumo.

Sembrerebbe in pratica che l'accumulo dell'esperienza comporti invariabilmente la nascita di un senso di malinconica tenerezza nei confronti di un passato ricco di errori (sovente anche propri) ma definitivamente irraggiungibile, come se cullare la propria memoria potesse aiutare l'Uomo a raggiungere il termine della propria esistenza con una tranquillità acquisita e metabolizzata. Negazione dunque del concetto di esperienza confuciana, vista essenzialmente come lanterna che portiamo appesa alla schiena e che illumina esclusivamente la strada già percorsa, ed accettazione di una visione quasi Junghiana di gruppo in continuo cammino verso un ideale collettivo.

Dall'ideale al particolare

Walter Schottky nacque a Zurigo verso la fine del XIX secolo. Suo padre Friedrich era un eminente matematico, allievo prima e collaboratore poi di Weierstrass, al quale diede una mano per formalizzare importanti ipotesi algebriche inerenti gruppi abeliani e insiemi di Cantor; Walter, dal canto suo, ebbe come tutore quel Max Planck ideatore della teoria quantistica, e giovanissimo ottenne una cattedra a Berlino per la propria tesi sulla Relatività Speciale proposta da Einstein appena sette anni prima. Attorno al 1920 Schottky incontrò Wien, che aveva appena vinto un premio Nobel per i suoi lavori sulla radiazione di corpo nero, e divenne professore di fisica teorica a Rostock.

Il campo di studi di Schottky può essere suddiviso in due settori anche temporalmente differenziati: un iniziale momento in cui studiò a fondo le caratteristiche delle elettroniche a vuoto (valvole termoioniche) ed un successivo passaggio, dopo il 1929, alla teoria dei semiconduttori.

Dotato di eccezionale intuito, valutò l'effetto-rumore prodotto dalle valvole amplificatrici, confermato poi matematicamente da Nyquist; ma ciò per cui oggi viene affettuosamente ricordato dal "popolo del computer" è il diodo, parente stretto del transistor, negli Anni Trenta.

Studi approfonditi sulla Termodinamica, un mentore di gran fama ed un padre con una notevole capacità logico-matematica condussero il nostro eroe all'ideazione di quel preziosissimo strumento oramai indispensabile per la nostra tecnologia.

La domanda del lettore curioso ed attento a questo punto potrebbe essere: "Come mai allora abbiamo dovuto attendere gli Anni Cinquanta per poter vedere le prime applicazioni del transistor alla consumer electronics?" Le risposte possono essere diverse: la Seconda Guerra Mondiale e la stasi della produzione commerciale, ad esempio, l'utilizzo di infrastrutture tecnologiche a beneficio del potere militare o la necessità di approfondire il know-how industriale necessario per creare componenti affidabili... Ma il colonnello Philip Corso, deceduto pochi anni fa, era di tutt'altro avviso.

Retroingegneria aliena

Nel libro citato in bibliografia [3], Corso ci racconta che nel 1947 a Roswell, New Mexico, avvenne qualcosa di assolutamente "fuori dal mondo". Documenti alla mano, e con la carica di Capo della Divisione Tecnologia Straniera, Philip Corso gestì i materiali alieni recuperati a Roswell nel contesto di un programma di retroingegneria che ha portato agli odierni microcircuiti integrati, alle fibre ottiche, al laser, alle fibre super-resistenti ed "impiantò" la ricaduta della tecnologia extraterrestre di Roswell nei colossi dell'industria statunitense.

Tiriamo ora un bel respiro, cerchiamo di nascondere quel sorriso di scherno apparso sul nostro volto ed armiamoci del più profondo spirito critico di cui disponiamo; tutto ciò può apparire quantomeno fantasioso al tecnico medio, conscio delle scoperte scientifiche della propria razza, e sono io il primo ad ammettere l'assurdità iniziale di una simile affermazione, tuttavia per quanto incredibile esiste tutta una serie di fonti documentali che descrivono il passaggio di "idee e concetti innovativi" provenienti da fonti militari o associate alle forze armate statunitensi (ad esempio i laboratori Rand) verso le strutture tecnologiche statunitensi come i Bell Laboratories, ed è inconfutabile sia l'incredibile accelerazione subita dal progresso tecnologico nella seconda metà del XX Secolo, sia la provenienza dei più importanti brevetti nel settore da soli quattro o cinque grossi istituti americani legati a doppio filo con progetti militari.

La domanda che nasce spontanea semmai è la seguente: come mai la fornitura di piani e idee partiva dal servizio militare USA verso le grandi aziende tecnologiche anziché compiere il cammino inverso? In altre parole chi dava ai militari le spinte necessarie per ottenere risultati tanto approfonditi ed avanzati, tenendo presente che gli istituti di ricerca negli USA tendono a consentire lo sfruttamento dei brevetti in essi registrati alle equipe responsabili, accontentandosi di vantare la fama di aver consentito lo sviluppo di tali brevetti? Potremo parlare in questo caso di retroingegneria della produzione di idee, in quanto stiamo cercando di valutare a posteriori le ragioni di un comportamento evidente ma forse mai del tutto sviscerato pubblicamente, ricercando le possibili cause attraverso la valutazione degli effetti provocati.

Principi della retroingegneria

Negli Analitici Secondi Aristotele ci parla di induzione e deduzione, processi oramai vincolati indissolubilmente al nostro pensiero logico critico (tranne rari casi). Si tratta di una ingegnosa formalizzazione dei concetti del pensiero, che consente di giungere ad una tesi vera basandosi su assiomi verificabili qualora il ragionamento si basi su concetti di coerenza e non contraddizione. Tuttavia, come soleva affermare Cartesio divertendo gli astanti, "senza dubbio il ragionamento è infondato", illustrando in particolare i pericoli degli strani anelli logici che mutano a piacere il significato di una affermazione qualora essa contenga elementi semantico-concettuali legati all'affermazione stessa o alla sua interpretazione.

Il problema fondamentale della retroingegneria è dato proprio da tale difficoltà nel backtracking: non ci è dato sapere se una affermazione di arrivo sia stata provocata da una induzione vera o sia un effetto collaterale di un assioma ancora ignoto, sin quando non abbiamo completamente decodificato l'apparato che produce quell'affermazione; in altri termini, la complessità del modello di decodifica per il sistema risulta spesso pari alla complessità del sistema stesso. Fortunatamente i sistemi studiati hanno un limite di complessità non esagerato, e gli ultimi studi sulla teoria del caos permettono di aiutarci in tal senso. Vorrei soffermarmi su un particolare tipo di analisi che normalmente non viene associata alla retroingegneria, ma che potrebbe a buon bisogno avere qualcosa a che vedere con essa: l'analisi delle specifiche di un pacchetto software.

Navigar per l'alto mare

Chiunque si sia trovato almeno una volta alle prese con un committente per un lavoro legato in qualche modo alla IT avrà avuto modo di constatare quanto difficoltoso sia capire ciò che il committente vorrebbe (ammesso che lo sappia): si parte da un progetto di massima, una sorta di scatola nera priva di qualificazioni o quantificazioni, e man mano che l'analisi si sviluppa vengono aggiunti i particolari, ovviamente obbedendo alla legge di Murphy secondo la quale i concetti-base del progetto sono quelli che verranno enunciati per ultimi. Questo lavoro di analisi è necessario per evitare di fornire al committente un prodotto che non lo soddisfi appieno, per ridurre i costi di sviluppo e manutenzione, ma è riconducibile al processo maieutico di Socrate; gli analisti più bravi riusciranno in questo modo a condurre per mano il committente verso un cammino che lo porterà ad esclamare "Era proprio così che lo desideravo!"

Ora soffermiamoci un istante a pensare: abbiamo utilizzato una serie di informazioni provenienti da un input ignoto (il committente) elaborate attraverso una scatola nera (l'idea del committente) per trarne un progetto funzionante, applicando all'analisi un minimo di logica di programmazione. Sorpresa: abbiamo intrapreso il medesimo percorso che avremmo dovuto fronteggiare per compiere una azione di retroingegneria! Mantenendo basse le molteplicità dell'input siamo in grado di fornire un output coerente e funzionante attraverso i principi di un sistema che non conosciamo ma possiamo modellare attraverso le sue risposte.

Si potrebbe obiettare che le nozioni necessarie per operare modifiche all'interno di un software scritto e compilato da terzi siano molto più difficili da padroneggiare rispetto a quelle necessarie ad un analista che intervisti un committente; la risposta è immediata: quante interviste alle quali avete partecipato sono risultate definitive al primo incontro?

Questo perché lavorare con gli esseri umani rappresenta un problema di tipo fondamentalmente diverso: l'utilizzo di una logica non binaria crea nel migliore dei casi una serie di deadlock dai quali è necessario uscire, senza peraltro urtare la suscettibilità del committente... Al contrario, un eseguibile disassemblato è sempre uguale: abbiamo le variabili puntuali, la loro tipizzazione, il codice assembly immutabile (a meno di averlo decompilato con un allineamento errato...) ma soprattutto una serie di baluardi caratteristici che ci indicano la strada da percorrere come fari nella tempesta.

Analisi etica e morale

L'enorme, capillare diffusione del personal computer è stata mutuata, innegabile nasconderlo, dalla disponibilità di software "pirata" sia a livello di sistema che a livello applicativo. Chi oggi si pone il dilemma etico sulla liceità della retroingegneria del software commette a mio modesto avviso peccato di ipocrisia: senza software pirata non avremmo avuto Internet, libertà di informazione sul Web o reti locali e neurali distribuite; non avremmo in altri termini potuto godere dei benefici tecnologici offerti dalla diffusione di queste infernali apparecchiature. Sia ben chiaro che io non sto esortando a legalizzare la distribuzione di software pirata, intendo solo affermare che chi se ne lamenta dovrebbe avere almeno la correttezza di ammettere che senza tale "barbara usanza" non avrebbe sicuramente potuto vendere il proprio software a più di un decimo delle persone che attualmente lo usano e ne pagano i prodotti satelliti.

Se avessi la possibilità di scegliere il comportamento in un mercato "libero", propenderei per la distribuzione gratuita del software, con una serie di servizi aggiuntivi che ne garantiscano l'affidabilità, l'allineamento e lo sfruttamento ottimizzato a pagamento; un software "aperto" consentirebbe una scelta corretta a chiunque avesse effettive capacità di analisi, eviterebbe di imporre noiose e fastidiosissime protezioni hardware alla propria macchina, protezioni che mentre inibiscono le capacità di lavoro dell'utente possono venire scardinate in breve tempo da chi veramente abbia intenzione di compiere un danno; sarebbe la fine dei "tecnici faccio-tutto-io", dei pasticcioni sedicenti esperti del computer e, forse, l'inizio di un'era di effettivo sfruttamento delle risorse e dei servizi attualmente disponibili e trascurati dell'Informatica.

Poscritto

Ho recentemente letto un articolo di Roberto Vacca, relativo alla espansione esponenziale dei controlli relativi alla gestione della complessità. Rispetto ai primi Altos, Sinclair, Commodore, i sistemi informatici attuali hanno complessità enormemente maggiori, ed è particolarmente difficile gestirli utilizzando il modello di una macchina a stati: troppi di questi stati, infatti, tendono ad interagire nei modi più bizzarri, mostrando comportamenti a prima vista del tutto inesplicabili.

Nel precedente articolo mi schieravo apertamente a favore del software libero: pur essendo ancora favorevole, mi rendo conto però che è difficile mantenere il controllo di ciascun modulo, gestendone le interazioni con gli altri, e garantire un funzionamento perfetto: ciascun sistema complesso, infatti, risente fortemente delle cosiddette "condizioni al contorno", e queste ultime sono sovente gestite attraverso sistemi caotici in cui un minimo scostamento dei parametri iniziali comporta una enorme variazione nel risultato.

La gestione di un sistema complesso è tuttavia possibile (e, aggiungerei, necessaria) attraverso una accurata ed estensiva documentazione di ciascuna fase di progetto, interfaccia e use-case. Purtroppo queste caratteristiche sono quelle più trascurate dai giovani programmatori, dai burocrati e dai manager commerciali: questa è la ragione principale per cui più un sistema aumenta in complessità più esso ci appare non responsivo rispetto agli scopi che ci siamo prefissi.

Ma la soluzione a tale problema esiste, non lasciatevi fuorviare da coloro che, per scopi personali, si giustificano incolpando gli altri...

Bibliografia

1. N.Bobbio, "De Senectute", Einaudi, 1996
2. http://bit.ly/1D7f4yT
3. Philip Corso, "Il giorno dopo Roswell", Pocket Books, 1998 ISBN 067101756X

XIX. Giochi senza frontiere

L'informatica a misura d'Uomo esiste già, se si considera il genere umano
come riferimento.

Coloro che come il sottoscritto hanno varcato da diversi anni la soglia dei Trenta,
ricorderanno sicuramente il programma televisivo Giochi senza Frontiere. Il programma era caratterizzato da una sfida di sette squadre, ciascuna rappresentante una
città di una nazione europea; ogni due settimane squadre diverse di queste sette
nazioni si scontravano amichevolmente in giochi che presupponevano agilità fisica,
rapidità ed intelligenza, in uno scenario ricco di calore umano e di divertimento.

Giudici assoluti di ciascuno scontro gli onnipresenti Guido Pancaldi e Gennaro
Olivieri, dal nome italiano, la cittadinanza svizzera, l'idioma francese e la capacità
di lanciare le gare in tutte le lingue europee. La trasmissione rappresentava un raro
esempio di come fosse possibile coniugare divertimento, agonismo, spirito patriottico
e senso dell'Unione, prima ancora che i dettami di Robert Schuman venissero
applicati estesamente a livello politico-economico. Fu così che un gioco televisivo
trasmesso in Eurovisione rappresentò l'antesignano delle possibilità di collaborazione
attiva tra le nazioni dell'Europa occidentale.

Ma cosa c'entra tutto ciò con l'informatica? È presto detto: Internet, Linux ed Open
Source.

Secondo uno studio relativamente recente, infatti, questi strumenti risultano ai primi
posti nelle necessità dei paesi meno economicamente forti del nostro mondo: tali
nazioni, non possono permettersi eccessivi investimenti per lo sviluppo industriale,
non hanno al loro attivo risorse particolarmente avanzate, godono tuttavia della
caratteristica capacità di "arrangiarsi" con ciò che hanno, mettendo a frutto la
propria fantasia ed il desiderio di dimostrarsi all'altezza di entità economiche più

blasonate. Ecco dunque che i paesi guida del sudamerica, Argentina e Brasile, hanno iniziato una massiccia campagna di sensibilizzazione a livello di "mindware", sottolineando l'importanza della creatività del programmatore, bene non sottoposto ad acquisto o licenza. Oggi numerosi esponenti di questi Paesi vengono chiamati a lavorare in multinazionali del "Nord" a causa dei propri programmi composti e rilasciati con licenza Open Source.

Il Messico dal canto suo cerca di introdurre Linux nei propri uffici pubblici e nelle scuole, e la Colombia, sull'onda della nuova crescita economica, punta sin dagli anni ottanta sui cloni hardware tanto per il mercato PC quanto per i mainframe, sviluppando poi per proprio conto complessi sistemi di monitoring transazionale. La svolta è stata resa possibile, una volta di più, da Internet: con l'abbattimento delle frontiere telematiche ed il rilascio di opere dell'ingegno gratuitamente sul Web chiunque, dotato di una mediocre connessione ad Internet e tanta buona volontà può permettersi di approfondire argomenti anche complessi senza alcun vincolo economico. Ma c'è dell'altro. Internet e la libertà di studio tenderà all'abbattimento di tutte le regole più pesanti relative all'embargo: mi riferisco ovviamente all'impossibilità di importare materiale "pericoloso" o "tecnologicamente avanzato", tipicamente armi, ma anche codice per la crittografia (sino a poco tempo fa assimilata ad arma tattica dagli USA), sistemi per radioterapia, formule chimiche di medicinali sperimentali. "Medici senza frontiere" potranno finalmente aiutare il proprio popolo anche se nazioni più potenti ne pretendono l'isolamento, semplicemente accedendo alla Rete. Infine, è sempre più vasto il campo degli scienziati che collaborano su Internet: progetti di ricerca nella Teoria dei Numeri vedono tra i propri esponenti personalità di spicco provenienti da Russia, Stati Uniti, Finlandia, Grecia, Brasile ed Iran, accomunati dall'unico scopo di trovare una risposta alle domande più universali. È appunto per sottolineare l'aspetto gioioso e ludico della ricerca a livello mondiale che possiamo a buon bisogno parlare di Giochi senza Frontiere.

Poscritto

Un triste corollario a questo articolo potrebbe essere "Ovunque restino le frontiere, i giochi sono terminati". In questo caso, anche nel mondo dell'IT la frontiera più robusta e inossidabile è l'idea del "si è sempre fatto così". Bloccando sul nascere le speranze di ricerca, di immaginazione al potere, di proattività e creatività. Ingabbiando il genio e lo sviluppo nell'angusto loculo della burocrazia informatica.

Per quale ragione, tanto per fare un esempio, il calcolo parallelo offerto dalle nuove GPU rimane retaggio esclusivo degli istituti di ricerca? Per quale sconsiderato motivo si è tentato di clonare il sistema transazionale caratteristico dei sistemi MVS di IBM attraverso mini-server dipartimentali che non offrono né la robustezza né l'efficienza dei loro predecessori? Perché, ancora, si tende a trasformare il telefono in smartphone, sviluppando miriadi di apps che funzionano (spesso male) solo per ragioni insulse, provocando ai rispettivi proprietari crampi allo stomaco e perdite di tempo superiori a quelle necessarie ad una rapida consultazione di informazioni da fonte correttamente e correntemente aggiornata?

I Giochi, per essere considerati tali, richiedono spensieratezza e fantasia, caratteristiche che non esistono (salvo rarissime eccezioni a livello mondiale) nel panorama informatico attuale.

XX. Qualità

Un processo produttivo valido non offre necessariamente un buon prodotto

Si fa un gran parlare, oggi come oggi, degli standard di Qualità, di norme ISO 900x e successive, ed ovunque è una corsa al "marchio di qualità", rappresentazione di un iter che in apparenza indica un prodotto valido.

Senza tener presente che l'iter di certificazione consente di mantenere traccia della qualità del processo produttivo, non tanto del prodotto stesso.

Sarò all'antica, ma non riesco proprio a sopportare le cosiddette generazioni Nintendo che non sanno mettere due righe di codice in fila senza inserirvi 800 bug, e in generale tutti quelli che si circondano amabilmente di una marea di paroloni, concetti, "krandi visioni procettuali", ma che quando poi si tratta di andare sul concreto ("down to the metal", direbbero gli americani), sono di un imbarazzante da non credere. Una volta il software si progettava dopo un rapido ma efficace consulto con il cliente, poi si realizzava, si testava, e una volta rilasciato si correggeva, quindi si limavano via le sbavature venute alla luce.

Adesso si perde il 30-40% del tempo di progetto a riempire modelli di documentazione standard, non si capisce mai alla fine che diamine voglia veramente il cliente, per quanto abbiamo insistito con URD, firme e controfirme; alla fine si realizza qualcosa che ovviamente non corrisponde al 100% alle aspettative (per vari motivi, ma più tipicamente: sono finite le ore [malamente] previste, ed occorre tagliare a destra ed a sinistra), i test sono condotti grossolanamente dai programmatori stessi invece che da un quality assurance degno di questo nome, ma per carità, rispettano quanto scritto nel VTP e nessun certificatore ce lo potrà mai contestare (che poi il prodotto sia un colabrodo poco importa: è a norma e questo basta).

E, dulcis in fundo, se poi il prodotto non funziona e il cliente protesta, ci si arrampica sugli specchi citando fax, centinaia di documenti firmati e controfirmati, e alla fine la magica frase: "guardi, non si preoccupi, facciamo la versione y (con y = versione precedente + 1), ci dia un'altra palata di soldi e sistemeremo anche le grane dell'attuale versione" (cosa ovviamente falsa: si corregge forse una parte degli errori esistenti, e nel contempo se ne introducono almeno altrettanti per il gioco vizioso di cui sopra). Se qualcuno non si è mai trovato (lui o la sua azienda) in una delle situazioni sopra esposte, e vive felice e contento (e ricco), alzi la mano... e vada a farsi schedare negli X-Files.

Poscritto

Esiste documentazione e documentazione.

Un conto è la documentazione tecnica, le "specifiche" vere e proprie, quelle in cui si descrive il come ed il perché relativo al funzionamento del progetto. Un conto completamente differente è la documentazione "normativa", quella che, una volta redatta, garantisce che il prodotto sia "a norma", ma non che funzoni effettivamente.

Come "programmatore" non potrei mai fare a meno della documentazione tecnica, mentre come "responsabile di progetto" mi sono purtroppo reso conto che la documentazione normativa deve essere associata al prodotto, pena la decadenza degli accordi di fornitura.

La domanda che mi pongo è la seguente: quale ufficio ministeriale ha fatto confusione sostituendo il termine universalmente noto come "standard tecnico", relativo a ciascuna implementazione multipiattaforma, descritto con dovizia di particolari attraverso univoca definizione delle API di ciascun elemento, con "tecnica standard"?

XXI. New Economy, Old Style

Non basta la tecnologia per aspirare al miracolo economico

Qualche tempo fa ho incontrato un vecchio amico, dall'espressione particolarmente rabbuiata; siamo andati a prendere un caffè assieme, e con calma e dovizia di particolari mi ha raccontato la sua incredibile storia. "In questo periodo lavoro come consulente informatico presso un ente Statale di Roma. Tre settimane or sono la direzione ha terminato di installare uno sportello Bancomat remoto a favore di coloro che lavoravano presso quella sede. Un bel giorno mi dirigo allo sportello per usufruire del servizio di ricarica del credito per il mio cellulare; con disappunto mi accorgo che la maschera di immissione del prefisso consta ancora di quattro cifre solo dopo aver digitato il numero nel nuovo sistema, quindi richiedo l'annullamento dell'operazione. Lo sportello automatico mi risponde con un messaggio di operazione correttamente annullata."

Effetto valanga

"Mi rendo conto che non è un buon esempio di organizzazione telematica", gli dico per consolarlo. "Aspetta, sono solo all'inizio" mi risponde. "Attendo che l'apparecchio mi restituisca la carta Bancomat, ma dopo trenta secondi di inutile attesa compare la schermata che annuncia biecamente che la carta è stata ritirata." Ovviamente sul totem non era presente alcun numero di telefono da contattare in caso di malfunzionamento. "Sarai rimasto temporaneamente scoperto sul conto corrente bancario?" provo a chiedere. Niente affatto, il conto era coperto. Il mio amico si rivolge alle guardie di vigilanza all'ingresso dell'Ente, raccontando l'accaduto, ma dopo circa trenta minuti di inutili telefonate, passaggi e scarichi di responsabilità costoro annunciano gravemente che non avranno una risposta prima di un'ora. Il mio amico, sconsolato, lascia le generalità alle guardie e si avvia mestamente verso casa, presagendo che dopo sessanta minuti la soluzione al problema non sarà ancora stata trovata.

Pioggia sul bagnato

Il giorno successivo, a causa di uno sciopero generale in tutta Italia, il mio amico non riesce a contattare i responsabili dell'Istituto. All'indomani prende quindi mezza giornata di permesso e si avvia alla sede della banca presso l'Ente, facendo presente l'accaduto. Un funzionario molto poco zelante, smette seccato di chiacchierare con un collega e risponde che loro con lo sportello remoto non hanno nulla a che vedere. Occorre attendere che lo stesso termini i contanti, ed una società esterna si preoccupi, durante la fase di caricamento, di recuperare anche la carta Bancomat indebitamente sequestrata. "Ma lo sportello non riceverà mai la visita della società, in quanto non funziona, quindi non terminerà mai i contanti con i quali è stato caricato!" è la pronta risposta del mio amico. "Non possiamo farci nulla. Non è nostra competenza. È la prassi.

Arrivederci" dichiara solennemente l'impiegato rifiutando peraltro di rilasciare le proprie generalità. Le successive tre ore passano invano alla ricerca di qualcuno in grado di indicare un responsabile da contattare per rientrare in possesso della carta Bancomat.

Riflessioni

Tralasciando il fatto singolo, limitandoci solo a ricordare che molti istituti offrono i propri servizi a pagamento ma quando si tratta di assicurare garanzie e prontezza di risoluzione spesso latitano, mi chiedo: si parla fin troppo di New Economy e di e-commerce, ma se non cambieremo il nostro vecchio modo di lavorare, intervenendo sull'organizzazione e soprattutto sulla responsabilità nei confronti del servizio erogato, difficilmente otterremo vantaggi da un avanzamento tecnologico che, pur promettente sulla carta, necessità comunque di tanta buona volontà e di duro lavoro per portare qualche frutto.

Poscritto

Sono anni che lo ripeto: l'informatica non è il modo di risolvere i colli di bottiglia caratteristici degli uffici pubblici sostituendo il computer alle scartoffie (salvo poi stampare il documento in triplice copia per archivio): occorre ripensare procedure e processi produttivi della Pubblica Amministrazione, eliminare la farragine e i bizantinismi, puntare all'efficacia prima che all'efficienza.

Il classico esempio è quello degli archivi informatizzati di un'azienda: nel 90% dei casi archivio anagrafico e archivio tecnico sono disallineati, ed una modifica in uno non si riflette nell'altro, così che l'utente finale che comunica ad esempio il cambio di domicilio alla propria banca vede consegnare l'estratto conto alla nuova abitazione e la carta di credito alla vecchia (mi è successo personalmente).

Non è vero che il computer deve aiutare l'impiegato a servire più persone: il computer deve permettere all'ufficio di servire meno persone, perché meno persone devono aver bisogno dell'ufficio. Ma per arrivare a questa conclusione occorre un drastico cambio nella mentalità del management.

Un ufficio che serve meno persone non implica una riduzione di personale: al contrario, le persone non utilizzate agli "sportelli" potranno usufruire di maggior tempo per ristrutturare il flusso delle informazioni necessarie, basterà far crescere gli "impiegati" in "tecnici responsabili". In questo consiste il cambio di mentalità.

XXII. Mitologie del futuro prossimo

Si dice che la tecnologia sia delegata al miglioramento delle condizioni di vita umana tuttavia...

"Il mondo è veloce, il mondo ha fretta. Evviva il nonno in motoretta".

Così si concludeva una poesiola pubblicata sul mio libro di lettura di prima elementare, diversi decenni or sono.

L'indicazione nascosta, il messaggio pedagogico sotteso a tale breve composizione appare evidente: ben venga un progresso teso alla risoluzione dei problemi dell'Uomo, all'ottenimento dei benefici necessari (e superflui) per vivere una vita più serena e sicura.

Il Progresso, quello con la "p" maiuscola, deve apparire creativo, utile ed inarrestabile anche quando possono presentarsi occasioni sfruttate per il bene del singolo anziché della comunità: si tratta di incidenti di percorso, destinati con il tempo ad assottigliarsi ed a perdere la propria dirompente efficacia a favore dell'Umanità intera.

Tuttavia, specie quando la tecnologia è giovane e poco imbrigliata, è sin troppo semplice imboccare percorsi o scorciatoie che potranno presentare alla lunga effetti particolarmente devastanti, innaturali ed estremamente difficili da rimediare senza tornare alle radici del problema ed iniziare da capo (o iniziare per la prima volta) una lunga e dolorosa analisi sugli effetti "collaterali" sovente sottovalutati, quando non definitivamente ignorati dall'establishment scientifico attuale.

Oggi

Iniziamo allora una serie di capitoli "visionari" tesi alla previsione del possibile sviluppo tecnologico di Internet e delle risorse ad essa vincolate; sarà un viaggio per molti versi affascinante, alcune volte temerario, magari paradossale, ma attentamente ponderato nella ricerca degli sbocchi delle soluzioni tecnologiche intraprese oggi, di qui a mezzo secolo di distanza nel futuro.

Come novelli Jules Verne, o Asimov in erba, tenteremo di attraversare la barriera del tempo per gettare un'occhiata curiosa e maliziosa sui possibili scenari che potranno sorgere sulla terra tra una cinquantina d'anni, valutando caso per caso la possibile estensione delle novità che il futuro ci riserva e le possibili controindicazioni insite in ciascuna delle scelte che prenderemo in considerazione. Il domani ci riserva numerose sorprese, e converrà analizzare a fondo ogni possibile conseguenza per consentire al Presente di non essere rimpianto, bensì glorificato come l'inizio di una nuova età dell'Oro.

Tale premessa, quantunque possa apparire un tantino oscura e pessimistica, nasce dalla consapevolezza dell'osservazione attuale di un mondo che il time-to-market lascia sempre più a corto di tempo per riflettere, e dall'amara constatazione che numerose piccole aziende una volta rampanti si trovano oggi oramai bloccate in uno spazio di mercato angusto e con tempi di consegna tali da impedire qualsiasi investimento di tempo per riflettere sulla "soluzione migliore", costrette ad offrire solo la soluzione più rapida per il futuro immediato.

Il "progetto sanità"

È di pochi mesi or sono la notizia di un paziente che ha accettato di sottoporsi ad un intervento chirurgico molto particolare: l'impianto sottocutaneo di un microchip il cui scopo è di monitorare costantemente le funzioni del suo corpo e fornirle ad una equipe di medici dotati di opportune apparecchiature di ricezione ed analisi dei dati.

Nello stesso periodo una delle maggiori società fornitrici di servizi informatici per la Pubblica Amministrazione presentava una sorta di "badge elettronico intelligente" nel quale era possibile inserire dati anagrafici ed anamnestici del portatore grazie all'adozione di un microprocessore in grado di gestire ed immagazzinare i dati relativi al proprietario della carta.

Quando i dati relativi ad un paziente viaggeranno con lui, ciascun ambulatorio, ospedale o pronto soccorso avrà accesso immediato alle patologie latenti o conclamate dell'individuo portatore del badge elettronico, consentendogli un trattamento medico adeguato ed immediato senza necessità burocratiche legate al reperimento ed all'invio di cartelle cliniche; in ultima analisi verrà fornito al cittadino un servizio puntuale e con maggiore valore aggiunto, senza privarlo del proprio diritto alla privacy.

Il sottoscritto ha avuto parte attiva nello sviluppo di un simile progetto; durante la creazione di un prototipo di riferimento si è venuto a trovare di fronte a problemi di incompatibilità di lettori di carte magnetiche che hanno obbligato ad una nuova scrittura dei driver, di incapacità di gestione del sistema operativo che piantandosi sovente costringeva ad un reset della macchina davanti al paziente, di completa mancanza di polso nell'imporre protocolli di sviluppo univoci e coerenti per minimizzare le possibilità di errore.

Al termine del calvario, il prototipo è stato realizzato (con tempi e spesa doppi rispetto a quanto preventivato) presentando un funzionamento sufficientemente stabile; ma proprio in quel frangente il contratto con il quale era gestita la commessa venne a scadere, ed il tutto passò in gestione ad una diversa società che, ovviamente, aveva interessi e fornitori completamente differenti. I "punti informatizzati" abilitati all'utilizzo della carta cambiarono, la mappa degli ambulatori dotati di lettori badge di riconoscimento mutò, ed il 50% delle macchine adottate per tale scopo venne trovata caricata con lettori di file mp3, videogiochi e vario altro software non licenziato che abbassavano notevolmente le garanzie di funzionamento del sistema.

Domani

Nel prossimo futuro Internet veicolerà le informazioni relative alla nostra salute, non avremo problemi di badge elettronici poiché ciascuno di noi avrà il proprio microchip di controllo sotto l'epidermide, utilizzante un sistema approfonditamente testato e linee di trasmissione dati ad altissima velocità che permetteranno una diagnosi pressoché istantanea di ciascun possibile difetto del nostro corpo.

Non sarà così nei prossimi cinquant'anni, forse, ma per amore di scienza immaginiamo che ciò accada: immaginiamo altresì che le società di fornitura e distribuzione dell'hardware antepongano gli interessi della società ai propri, che la burocrazia farraginosa sia stata definitivamente debellata, che ciascun medico, paramedico, infermiere od ausiliario sia un indefesso missionario che creda eticamente nella professione che ha scelto. In questo idilliaco panorama ciascuno di noi verrà dotato di un'apparecchiatura di autodiagnosi miniaturizzata in grado di comunicare in maniera pressoché istantanea con il Pronto Intervento più vicino ogni situazione potenzialmente critica (anche se ritengo sarà dura determinare gli sbalzi ormonali dovuti alle passioni insite nell'animo umano, e causa dell'80% degli attacchi cardiovascolari e del 65% degli incontri extraconiugali dei nostri connazionali).

Un simile risultato dovrebbe essere acclamato come un enorme passo avanti nella prevenzione sanitaria, non trovate?

E invece, ad una analisi più critica, ciò non risulterebbe così efficace come superficialmente progettato: senza una adeguata e contestuale crescita dei posti di prima assistenza medica, l'adozione di un simile accorgimento tecnologico provocherebbe in breve tempo la paralisi completa del sistema sanitario: i trasmettitori sottocutanei invierebbero richieste d'aiuto in misura massiccia e le strutture di risposta collasserebbero in breve tempo sotto l'enorme mole di segnali, falsi e veri positivi: nello stress insito nella vita moderna ciascuno di noi soffre diverse volte al giorno di crisi passeggere, crisi che non curate provocheranno problemi gravi, crisi che quindi devono venire intercettate dal microchip sanitario provocando un packet storming che ne inficierebbe immediatamente l'utilità.

Il fattore umano

Potremo chiudere affermando che "non tutta la tecnologia viene per nuocere", ma sarebbe errato incentrare esclusivamente su di essa tutte le ricerche, dimenticando nel contempo il "fattore Uomo".

Nei prossimi capitoli prenderemo in considerazione tutte quelle tecnologie informatiche, legate ad Internet, che promettono notevoli progressi negli anni a venire, tenendo tuttavia comunque sempre un occhio puntato agli effetti collaterali che un super-uso di tali tecnologie potrebbe provocare qualora non debitamente convogliato su strade opportune.

Poscritto

Anche in questo caso viene messo in risalto il cosiddetto "fattore umano". A prima vista l'affermazione potrebbe apparire quasi banale, in quanto sembrerebbe autoevidente; in realtà le cose non stanno proprio in questi termini...

Sentiamo sempre più spesso parlare di chiusura delle centrali atomiche, in quanto potenzialmente pericolose per il genere umano. Allora io propongo di bandire qualcosa di ancora più pericoloso per l'umanità: la penna a sfera. E' con essa, infatti, che si firmano le dichiarazioni di guerra, e bandendo la penna nessuno più potrà firmare un atto di guerra ufficiale.

Pensate stia esagerando? Pensate che la penna ha tanti altri utilizzi positivi, che la colpa della guerra sia dell'uomo e non della penna? Beh, questo è vero anche per le centrali atomiche...

Valutare il "fattore umano" non è mai semplice, anche se talvolta può apparirlo. Esistono parametri come volontarietà e involontarietà, colpa o lodo grave, responsabilità nei confronti di se stessi, del gruppo antropologico a favore o contro il quale si opera, gli esclusi dal gruppo stesso o "altri", diritti e doveri del singolo e della comunità.

Lo stesso termine "democrazia" prevede, a seconda dei punti di vista, di garantire le minoranze e di garantire la maggioranza.

Non è facile, quindi utilizzare un sistema di comunicazione intrinsecamente non logico per descrivere le situazioni ed il panorama anche solo nell'ambito informatico, e si rischia di prestare il fianco a qualsiasi detrattore interessato a far crollare il concetto appena espresso (i greci avrebbero parlato in questo caso di sofisti come antagonisti della retorica). Resta però evidente che la netta separazione tra umanesimo e tecnocrazia produca mostri.

XXIII. Virtuality

Il futuro è dietro l'angolo. Ma dietro l'angolo rischiamo di trovare un nuovo angolo

L'uomo in nero era inseguito.

Nugoli di guardie tentavano di acciuffarlo, sbarrandogli la strada, mentre egli cambiando continuamente direzione tentava un'ultima disperata ricerca di un nascondiglio; d'un tratto, quasi come una risposta alla sua tacita domanda, vide apparire un grande magazzino. Entrò di soppiatto, e si tuffò nell'oceano di persone presenti, sperando in tal modo di far perdere le proprie tracce. Vi era quasi riuscito, rintanato nel reparto di biancheria intima maschile, quando improvvisamente una parete che sembrava grigia s'illuminò come d'incanto, ed apparve una fanciulla succintamente vestita e con un sorrisetto malizioso che l'apostrofò per nome esclamando dagli altoparlanti: "Buon pomeriggio, Mr.Jones, siamo lieti che sia tornato nel nostro reparto. Il suo acquisto precedente comprendeva quattro T-shirt di vari colori, tre paia di calzini lunghi ed una maglia. Possiamo consigliarle due paia di boxer fantasia per il suo prossimo acquisto? Ne abbiamo di splendidi in offerta...".

Pubblicità

Inutile dire che il fuggiasco della trama del film appena raccontata, che in molti avranno riconosciuto come "Minority report", risultò tutt'altro che grato al nuovo tipo di pubblicità diretta al singolo; alcuni avranno sorriso a tale trovata, altri avranno provato un vago senso d'imbarazzo immedesimandosi nel personaggio e venendo riconosciuti per le proprie preferenze di abbigliamento intimo. Fantascienza visionaria, certo. Ma neanche troppo, se ci soffermiamo un istante a pensare: quanti di voi che ora state leggendo con un mezzo sorriso stampato sulle labbra utilizza Internet? Quasi tutti suppongo, e quasi tutti hanno prima o poi avuto a che fare con i diabolici cookies di Internet. Ad essere precisi, si tratta di un sistema che consente il mantenimento dei parametri necessari ad una sessione di login, senza obbligare l'utente a digitare nuovamente i propri dati al computer: sicuramente una svolta "sicura" in un mondo (Internet, appunto) progettato appositamente per impedire all'"esterno" di scrivere informazioni sulla nostra macchina. Il problema è stato aggirato semplicemente imponendo all'utente finale di impostare tali dati, pena il cattivo funzionamento dell'applicazione. In tal modo oggi abbiamo sistemi di visualizzazione e di controllo particolarmente avanzati, che consentono l'esecuzione di operazioni sensibili, oltreché delicate, attraverso canali cifrati: gestione finanziaria, passaggio di dati relativi a malattie endemiche, videopoker e sfruttamento della prostituzione utilizzano più o meno tutti il medesimo basico sistema di controllo dell'identità. E l'utente ne è felice. Notevole ricettacolo di possibilità lecite ed illecite, il sistema basato sullo scambio di cookies ha tardato pochissimo ad essere sviluppato per la presentazione di prodotti sovente non richiesti: è infatti spesso sufficiente utilizzare un cosiddetto "gioco online" (croce e delizia di migliaia di lavoratori da scrivania, e del gruppo di manutenzione al quale essi sono affidati) per spalancare le porte a sistemi che, tramite l'apertura del canale di colloquio appena descritto, riversano sul PC del malcapitato immondizia di questo e di quell'altro mondo. Si stimola la necessità dell'individuo ad evadere per qualche minuto dal proprio ambiente costrittivo ed avvilente per prendere possesso della sua macchina in men che non si dica.

Etica ed estetica

È lecito tutto questo?

Domandona difficile... Se da un lato è vero che in fondo è l'utente a consentire tale tipo di comportamento, dall'altro si potrebbe parlare di circonvenzione d'incapace, intendendo con tale locuzione non tanto che chi usa il computer sia un incapace, quanto che nessuno o quasi si pone la domanda, mentre scarica il giochino o l'immagine piccante, di cosa stia realmente succedendo sulla propria macchina. Adesso tiriamo un lungo respiro, socchiudiamo gli occhi e prendiamoci una pausa; magari mettiamo una musica accattivante e... Diamine! Le musiche più accattivanti sono state già "confiscate" dagli spot pubblicitari più in voga!

E a ciascuna musica ci viene automatico associare immagini ben precise, definite, irrinunciabili: colori morbidi e ben bilanciati, voci suadenti, sorrisi accattivanti che istigano alla scelta di questo o quell'altro bene fruibile.

Viene mai da chiedersi cos'abbia a che vedere una soave fanciulla seminuda con un gelato? Ovviamente si, ma sarebbe politicamente scorretto dirlo qui, come sarebbe scorretto domandarsi come mai il possessore dell'ultimo modello di auto pubblicizzata assomigli tanto all'immagine che lo spettatore vorrebbe avere di sé stesso, o la ragione per la quale il successo arrida a chiunque scelga un qualsiasi prodotto reclamizzato a prescindere dalla marca, mentre nella realtà tale diffusa felicità sia lungi dall'essere ottenuta.

Spegniamo il nostro sistema di rilassamento e torniamo al discorso di prima: in cosa differisce la gestione che guida l'offerta pubblicitaria dal sistema che induce a collegarsi "in braghe di tela" ad un determinato sito Internet? Esatto: i due sistemi sono isomorfi, entrambi tendono a colpire il bersaglio del loro messaggio nel modo e nel momento in cui tale bersaglio appare più debole ed esposto. Ed ignaro. Per tale ragione un apparato di controllo e comunicazione che tragga le proprie fonti d'informazione sull'individuo, sia tramite cookie che riconoscendolo dall'impronta retinica, dall'andatura o da un microchip sottocutaneo, dovrebbe essere bloccato in quanto come tale immediatamente, e possibilmente neutralizzato nelle sue accezioni più deleterie. Quasi nessuno, tra le persone da me interpellate, ha invece avuto modo di apprezzare e sottolineare la similitudine tra presente e futuro implicita nel film, né tantomeno valutarne i possibili risvolti potenzialmente pericolosi: eppure tale sistema induttivo, lungi dall'essere fantascientifico, potrebbe essere reso operativo in un lustro. Pubblicità attiva, magari collegata ad un motore di ricerca in grado di selezionare i prodotti statisticamente più richiesti dell'utente in base ad età, sesso, razza, latitudine, stagione ed eventuali acquisti precedenti. Una sciocchezza, se pensiamo al nostro attuale livello di interazione ed integrazione attraverso Internet. Semplicissimo anche tenendo conto delle nostre attuali risorse nel campo dell'audio-video.

E allora?

Intendiamoci: non sono affatto contrario al Progresso. "Il domani scivola via a piccoli passi sino all'ultima sillaba di tempo concesso, e tutti i nostri ieri non serviranno a donarci un nuovo domani" dichiarava Shakespeare nel Macbeth; occorre quindi creare, costruire, consentire ai nostri oggi, una volta trasformati in ieri, di aprirci un domani vivibile. La "pubblicità interattiva" appena vista mostra più rischi che vantaggi, tuttavia sarebbe sufficiente un sottile cambio di prospettiva per ottenere con le medesime tecnologie, ripeto, già alla nostra portata, un sistema completamente cablato utile per l'istruzione a distanza. Un sistema nel quale per scelta non potrebbe esistere il professore "antipatico", in cui il docente non avrebbe alcun tipo di "preferenza" verso gli allievi più diligenti, in cui lo scopo finale sarebbe quello di comunicare un programma di studi in modo interattivo e bilanciato con le capacità di apprendimento del discente, esteso alle sue curiosità e coordinato in modo da offrire una visione panoramica della realtà. Apprendimento multicentrico correlato a discipline differenti, in cui un iperlink non porta semplicemente ad una nuova pagina, bensì ad un collegamento semantico di un argomento nuovo. Apprendere parlando con un interlocutore, senza provarne invidia o eccessivo sussiego, è il metodo da mai utilizzato nella scuola d'oggi; a pensarci bene, tuttavia, chi (o cosa) potrebbe creare meno imbarazzo e meno soggezione di una macchina?

Un futuro possibile

Naturalmente questo scritto e le ovvie conseguenze del medesimo resteranno lettera morta; dare ad una macchina il potere di insegnare correlando gli argomenti è un rischio che nessun governo potrebbe permettersi, da sempre regolandosi sulla mancanza di informazione correlata per portare avanti la proposta di comportamenti demagogici.

La demagogia stessa tenderebbe a terminare in una bella risata qualora colui che apprende avesse accessibili tutti i canali di approfondimento. E poi l'istruzione non è mai stata un bene economicamente remunerativo su cui investire... meglio lasciare Internet una messe di dati non organizzati, e sfruttarne le pieghe nascoste per lanciare i propri dardi subliminali: il risultato sarà quello di ottenere una popolazione abulica ed ignava, persa nel tentativo impossibile di somigliare a modelli il cui profilo psicologico risulta stridente con la realtà, infelice e pertanto succube sempre più di un simile bombardamento privo di qualsiasi nesso con la crescita intellettuale della persona.

Agghiacciante? Ma no, non avviliamoci più di tanto: in fondo stiamo parlando solo di un futuro possibile, non del nostro futuro...

XXIV. Atlante storico

Gravitazione di popoli nel bacino del Mediterraneo

Una delle principali accuse lanciate con disprezzo contro il popolo informatico è la mancanza di "umanità", intesa in entrambe le accezioni di sensibilità e cultura umanistica. Naturalmente chi si permette tali affermazioni è sovente vittima di una sorta di inespressa gelosia nei confronti di chi ha combattuto e vinto le dure battaglie nelle asettiche aule scolastiche di matematica e scienze... ma un briciolo di verità permea talvolta anche dalle affermazioni più perfide.

In fondo chi tra noi era dotato di una struttura di memoria in grado di cogliere lo sviluppo logico di un algoritmo era facilitato nel ritenere un brano od un testo di letteratura o di storia utilizzando alcuni termini come indici per un rapido accesso all'informazione richiesta dal professore; tuttavia proprio a causa di tale caratteristica tendeva a perdere la poesia di un passaggio elegiaco o le concause di livello inferiore che portavano ad una guerra o ad una rivoluzione sociale. D'altra parte nella nostra nazione, politica e matematica non sono mai andate a braccetto, come risulta evidente dal disavanzo delle nostre dissestate finanze o dalle briciole lasciate alla ricerca scientifica dai decreti di programmazione economica e finanziaria. Eppure...

Come dichiaravano i futuristi, "c'è poesia nell'incontro tra un ombrello ed un ferro da stiro su di un tavolo operatorio"; allo stesso modo, esiste una rappresentazione olistica che trascende il semplice avvenimento contenuto nella lezione di storia e consente l'accesso ad un disegno vasto, ad ampio respiro, che in qualche modo è riconducibile alla caratteristica immagine scientifica alla quale siamo più abituati. Questa rappresentazione è accessibile attraverso un'unica parola: perché.

Soluzioni, non fatti

Osservando con attenzione un determinato momento storico, a prima vista assolutamente insignificante e piatto, possiamo modificarne radicalmente la prospettiva rendendolo ricco di sfumature e di significati semplicemente formulando la domanda "perché è avvenuto?". Lo studio di causa ed effetto, così caro a fisici e matematici, e la valutazione del delicato tessuto necessario al verificarsi di un determinata situazione, azione da sempre perseguita da un bravo ingegnere, sono trasponibili integralmente allo studio della storia. Se poi aggiungiamo una serie di grafici ricchi di informazione, i vettori che indicano il movimento delle popolazioni, le superfici e la loro tassonomia, persino le singolarità ed i paradossi, possiamo ben dire di sentirci a casa nostra.

E invece stiamo parlando di storia, o meglio, stiamo osservando una serie di atlanti storici che indicano con fedeltà un periodo della nostra civiltà da sempre dichiarato come il più noioso. Ma c'è di più: se ad un determinato momento storico associamo le caratteristiche geografiche sia fisiche che politiche del luogo in cui avviene, ci appare evidente la ragione scatenante dell'evento, che spesso nulla ha in comune con le "ragioni" addotte per la lite. La stessa geografia, inoltre, che ha strettissimi legami con l'economia nazionale di uno stato, viene oggigiorno studiata come cumulo di nozioni: confini, popolazione, reddito pro-capite, produzione agricola, sviluppo industriale; tutto ciò appare spesso tetro, freddo e difficile da apprendere, oltre che impossibile da ricordare.

Poiché non fa scienza, senza lo ritener, l'aver inteso, lo studio della geografia viene quasi sempre relegato a "riempimento" delle ore finali a scuola, quando i ragazzi sono stanchi e l'attenzione latita. Se invece si presentasse l'argomento con un approccio "distribuito" il risultato sarebbe notevolmente differente: studiando le fasce climatiche della Terra è semplice poi ricordare in quali nazioni l'agricoltura è favorita; se una piccola città si trova sul mare è più facile che viva di pesca che non di coltivazioni; se la zona è subtropicale i monsoni favoriranno un clima umido e la vegetazione lussureggiante lascerà poco spazio alle coltivazioni di grano; se il sottosuolo è ricco di giacimenti minerali, lo Stato che sorge su di esso sarà sicuramente ricco di industrie meccaniche, metallurgiche e di trasformazione... e così via.

Tasselli

Potremo continuare legando economia e politica, confini e multinazionali, geologia e finanza (oro, diamanti e petrolio), legando le relazioni internazionali non ad un non meglio specificato spirito di fratellanza tra i popoli o alla spinta paternalistica di uno stato in difesa di altri, bensì al cinico e bieco tornaconto personale, tanto nel personale quanto nel sovranazionale. Anziché rappresentare i singoli nodi si percepirà l'arazzo completo, anziché percepire ciascuna nota separata si ascolterà la sinfonia.

L'unico utensile necessario per costruirsi il proprio visualizzatore della realtà è la domanda appena vista, perché, una buona dose di umiltà nel riconoscere i propri limiti, il coraggio di continuare a cercare e la forza di non smettere mai. Si tratta di una ricetta valida nella vita e non soltanto nello studio, nella programmazione o nell'analisi.

Crescere e lavorare bene significa anche non terminare mai il proprio percorso di apprendimento, godere della gioia di imparare, e riuscire a percepire una visione iperdimensionale del mondo, in modo da poter inquadrare ciascun avvenimento da diversi punti di vista ed averne così una rappresentazione a tutto tondo.

Poscritto

La differenza principale tra nozionismo e cultura consiste nel riuscire ad avere i mezzi e le basi per ottenere risposte che non si conoscono. I test di accesso al servizio di human resources di Google ne sono un esempio: le domande di "sbarramento" non richiedono particolari conoscenze approfondite su particolari linguaggi di programmazione o tecnologie, tendono invece a mettere in risalto le capacità di ragionamento e di pensiero laterale del candidato.

Paradossalmente i nuovi test INVALSI proposti dal Ministero della Pubblica Istruzione si basano su di un concetto molto simile, e non è un segreto che, ad oggi, non siano stati compresi da coloro che invece sono costretti ad applicarli... mostrando, se possibile, una volta di più la carenza di comunicazione e di capacità tra le strutture della Pubblica Amministrazione.

Non occorre un genio per comprendere che una domanda di storia può trovare risposte nella geografia, o che una domanda di fisica richieda la conoscenza delle condizioni sociali al contorno; il problema di una istruzione compartimentalizzata e nozionistica comporta purtroppo un risultato evidente: le sinapsi del cervello vengono utilizzate come celle di memoria statica anziché come strutture algoritmiche, mentre i concetti di analisi, sintesi, induzione e deduzione restano parametri il cui ambito esclusivo resta la filosofia anziché la realtà.

Insegnare, specie nel mondo odierno, non significa memorizzare il "cosa", bensì comprendere come giungere al "perché". Anche se tale percorso è ben più faticoso.

XXV. TeleComunicazioni

"Non importa quanto complesso sia il lucchetto, esisterà sempre una chiave che lo aprirà" – commentare questo aforisma per capire il legame con i contenuti del capitolo

La complessità di un sistema, sia esso di elaborazione, gestione o trasmissione dati, appare un task sempre più critico da raggiungere a causa della mole e della delicatezza delle informazioni trattate; vedremo tuttavia che lo stato dell'arte in tale sistema si trova in equilibrio dinamico e tende a spostarsi continuamente verso un punto di frontiera, lontano dalla semplicità e tuttavia a portata del pensiero umano.

In questo articolo cercheremo di presentare e rappresentare il lungo iter percorso dai sistemi di telecomunicazione, dai primordi al giorno d'oggi; in primo luogo si tenterà di offrire una definizione del medesimo concetto di comunicazione, cercando di distinguerne i differenti aspetti, le idee di base e i problemi che si incontrano nel trattare una materia di per sé sfuggente e riluttante alle definizioni.

Successivamente si offrirà una panoramica dello stato della comunicazione per così dire "informatica", legata strettamente al concetto di trasmissione dati; in altre parole verrà inizialmente creato un contesto formale e semantico, all'interno del quale tenteremo di muoverci agevolmente lungo la freccia del tempo.

Cos'è la comunicazione?

Per prima cosa mi piacerebbe introdurre il concetto di tautologia.

In genere una tautologia è la spiegazione di un evento in termini dell'evento stesso ("la pioggia è quella cosa che cade quando piove", "il pensiero è ciò che penso"); facile a questo punto rendersi conto che il tentare di spiegare la comunicazione è di per sé stesso comunicazione.

In questi casi, per evitare di essere catturati in circoli viziosi senza fine si tende ad "allargare" artificialmente l'insieme dei concetti con dei "metaconcetti".

Nel caso della comunicazione, immaginiamo di parlare di qualcosa che non è definito, dandone esempi e dimostrazioni, utilizzando un sistema esplicativo non identificato e concludiamo che tale "qualcosa" che risponde ai requisiti è la comunicazione.

Una volta definita la comunicazione, sarà possibile riconoscerla dove essa è effettivamente, negli altri casi tenderemo a confonderla con la "conversazione"; nella conversazione, infatti, lo scambio di concetti e di idee è spesso a senso unico e non implica un allargamento delle basi concettuali di entrambi gli interlocutori.

Cosa occorre per fare comunicazione?

Albert Einstein diceva: "Siamo come un bambino piccolo che entra in una grande biblioteca, le cui pareti sono coperte sino al soffitto di libri in molte lingue diverse... Il bambino non capisce le lingue in cui sono scritti. Egli nota tuttavia nella disposizione dei libri un piano ben preciso, un ordine misterioso che non comprende, ma sospetta, benché confusamente" [1].

Clifford Pickover, biofisico e biochimico (e matematico dilettante), ha scritto un libro dal titolo polemico, "la scienza degli alieni" solo per mostrarci quanto ancora in noi stessi è oscuro, relativamente al tipo di comunicazione della comprensione [2]. "C'è un limite organico nelle nostre capacità di capire verità aliene", dichiara, ma non tanto per una intrinseca limitatezza della nostra comprensione, quanto per l'incapacità di poter rappresentare tale verità.

Un esempio su tutti: i cefalopodi. Oddio e adesso che c'entrano le seppie, così buone e gustose... Bene, quei molluschi, invertebrati, "meno che pesci", pur non avendo (apparentemente) un sistema cerebro-spinale degno di questo nome, sanno comportarsi in un modo apparentemente simile a quello deterministico di un vertebrato superiore, apprendendo dal comportamento dei propri simili. Ma noi, pur comprendendo cosa essi facciano, non potremo mai capire come o perché, dal momento che i loro schemi percettivi e cognitivi sono fisicamente differenti dai nostri.

Non potrebbe essere altrimenti, visto che il cervello dei polpi è altamente strutturato, ricco di lobi, situato tra gli occhi ed attorno all'esofago.

Eppure tali molluschi sono in grado di percepire movimenti dell'acqua a trenta metri di distanza e di distinguere la luce polarizzata.

Vale a dire? Appunto. Noi non abbiamo alcun riferimento e non potremo mai capire cosa significhi "luce polarizzata" se non attraverso una formula matematica. Così come un non udente deve imparare a "capire" i suoni dalla vibrazione dell'apparato fondatore o dalla mimica. Con la differenza che la struttura cerebrale del non udente è identica alla nostra, quindi ne possiamo indirizzare ed immaginare i processi cognitivi e "comunicare" meglio. Provate a pensare ad una seppia che tenti di spiegarvi di che occhiali avreste bisogno per vedere la luce polarizzata!

La comunicazione con "forme aliene di vita" è impossibile?

Sì e no.

Per fortuna esiste qualcosa che sia invariabile ed assoluto nel nostro universo. La cosiddetta velocità della luce è una costante universale indipendente ed uguale ovunque. Stesso dicasi per l'atomo di idrogeno, l'elemento più comune dell'Universo. Ma allora il gioco è fatto! Basta prendere un atomo di idrogeno, "modularlo" in maniera che appaia evidentemente innaturale e trasmetterlo su di un raggio di luce!

Questo, in sostanza, è esattamente ciò su cui stanno lavorando i ricercatori del SETI (Search for Extra Terrestrial Intelligence): per combinazione, nell'enorme caos di onde radio dell'Universo esiste un "buco di frequenze" (onde radio) particolarmente silenzioso, un buco che corrisponde proprio all'atomo di idrogeno eccitato. Basterà quindi mettersi con l'orecchio su tali frequenze e controllare ogni eventuale presenza di modulazione (trasmissione di segnali, comunicazione) che mostri un "pattern", ovvero uno schema apparentemente artificiale.

Secondo il SETI, gli alieni comunicheranno così. Naturalmente, una volta scoperto il messaggio, occorrerà trovare la chiave, vale a dire il significato dello stesso. A questo proposito sono stati contattati numerosi matematici, biologi e crittologi: i primi per tentare di "filtrare" i dati con diverse funzioni matematiche (binario? decimale? ottale? a due, tre... n dimensioni?), i secondi per stabilire, in base al sistema di numerazione, alcune possibili caratteristiche biochimiche degli alieni (noi, ad esempio, adottiamo il sistema decimale perché abbiamo dieci dita nelle mani, il minuto secondo corrisponde quasi al battito del nostro cuore, il metro all'oggetto che possiamo maneggiare senza troppi problemi) e determinarne possibili fisiologie. I crittologi, infine, potranno mettere a disposizione del gruppo le loro capacità analitiche per trovare possibili varianti nella struttura di un messaggio o per aiutare nella ricerca di una chiave attraverso l'unione di molte parti apparentemente differenti.

Non esageriamo! La comunicazione è davvero tutto questo?

In realtà è anche di più... Senza voler giungere ai cifrari di guerra, utilizzati per impedire che le nostre comunicazioni fossero intercettate dal nemico, ricordiamo che si può parlare di vera comunicazione quando i dati trasmessi (l'"informazione") sono autorizzati, autentici, integri, originali, completi. Basta che anche solo una di queste qualità manchi, perché venga meno la coerenza del messaggio. Non ci credete? Facciamo un esempio!

Anna ha un telefonino nuovo. Chiama Biagio per comunicarglielo "Ciao Biagio, sono Anna! Ho un cellulare nuovo!". Ma Biagio non ci crede. "Come posso crederlo?" E

Anna: "Leggi il numero che ti appare sul cellulare e richiamami, così ne avrai la prova quando io ti risponderò!" Questo sistema "a doppia chiave", apparentemente sicuro, può servire per garantire solo in parte i due interlocutori: infatti, se nel frattempo Carlo prende il telefono di Biagio, ha accesso al numero di Anna senza che lei lo voglia. Un messaggio sicuro deve quindi portare in sé la firma di chi lo ha redatto, in modo tale che appaia impossibile falsificarlo sia durante la trasmissione, sia dopo la sua apertura. Per i più curiosi, tale sistema di cifratura esiste ed è alla base del "documento elettronico" e della "firma digitale" di cui tanto si parla (e poco si sa) oggi.

Tornando ad Anna e Biagio, la cifratura del sistema GSM è valida solo dall'apparecchio alla centrale, mentre all'interno delle centrali viaggia in chiaro. A questo s'aggiunga che, qualora la Magistratura ne faccia richiesta, il telefono cellulare, purché acceso, può essere utilizzato come radiofaro e servire quindi per rintracciare persone non autorizzate a chiamare (in genere ladri, ma... non sempre) e si capirà come in alcuni ambiti, la crittografia delle comunicazioni è una necessità, un obbligo (militari, banche, industria) [3].

Ci sono limiti nell'informazione che può essere comunicata?

Sì, ci sono. Due scienziati del XX secolo, Shannon e Nyquist, hanno dimostrato che la quantità di dati (e quindi l'informazione) che può circolare su di un canale di trasmissione è limitata da alcune variabili; come nel caso della velocità della luce, è impossibile raggiungere anche idealmente una trasmissione di informazione infinita o perfetta: al crescere dell'informazione o della velocità di trasmissione, aumenterà anche il "rumore" trasmesso. I limiti della comunicazione cosiddetta "fisica" sono evidenti anche a livello psicologico: pensiamo agli spot pubblicitari; il messaggio viene ripetuto in modo apparentemente ossessivo, ma "variato" (su diversi prodotti). Non appena un prodotto inizia a prevalere sugli altri, si ha una sorta di iniziale rifiuto psicologico, seguito da un senso di irritazione e nausea (un esempio su tutti, la nota "sindrome da Pippo Baudo"). Superando tale barriera, si corre un rischio ancora maggiore, quello dell'assuefazione (ricordate la levata di scudi quando oscurarono il ripetitore che trasmetteva la telenovela?). A conferma di tale affermazione è sufficiente ricordare che persino i più tenaci sostenitori delle soap opera hanno ad un certo punto della propria vita affermato di "avere la nausea di tali trasmissioni".

C'è da aggiungere una postilla su tale tipo di sistema comunicativo: la quantità di memorizzazione del cervello non è infinita e a maggior numero di dati corrisponde maggior numero di unità di memorizzazione. Se ci fate caso, gli spot pubblicitari, sono spesso coloratissimi, ricchi di movimento, con jingle ripetitivi e cercano di colpire emotivamente l'osservatore, diversi sistemi per raccogliere l'attenzione istintiva della "vittima", cancellandone nel contempo la traccia degli avversari.

Movimento, colori e musica sono in genere gli "specchietti per allodole" degli spot pubblicitari e richiedono maggiori quantità di memoria pur essendo più velocemente elaborati e metabolizzati.

Comunicazione linguistica

Prescindendo da problemi fisico-cognitivi (afasia, dislessia), il problema della comunicazione verte sull'oggetto da comunicare ed il modo in cui comunicarlo: ma semantica e sintassi coprono anche altri campi spesso trascurati. Per noi la neve è acqua cristallizzata, bianca, che cade dal cielo in luogo della pioggia quando fa freddo. Con pochi aggettivi possiamo definirla appieno. Per gli eschimesi, invece, esistono 40 diversi termini per indicare la neve, segno che per la loro vita la neve ha un significato decisamente più importante che per noi. Se quindi ci trovassimo a tradurre un brano da una lingua ad un'altra, non basta restituire il significato nella forma sintattica corretta, occorre anche capire la cultura di chi ha scritto e perché abbia usato proprio quel termine. Un esempio corrispondente potrebbe essere il termine "res" in latino, senza nemmeno sfiorare il tema dei verbi fraseologici.

Comunicazione e senso comune

In realtà non ci poniamo tutte queste domande ogniqualvolta ci capiti di riflettere su un messaggio: come mai? Beh, nel corso dei secoli e nelle diverse culture, l'Uomo ha sviluppato una sorta di "psicotraduttore" automatico: in tal modo il senso del messaggio viene automaticamente dedotto dal contesto, anche quando non fa parte della base di conoscenza dello stesso.

Se ad esempio un messaggio a me diretto affermasse "Aereo ritarda causa maltempo" io dedurrei immediatamente:

- La persona che sto aspettando ritarderà anche se al momento del messaggio era già partita e non ha potuto avvertirmi.
- Posso andare più lentamente all'appuntamento.
- Organizzo una serata allegra per far dimenticare possibili momenti difficili nel volo.

Quest'ultimo passo, in particolare, mostra come io sappia che la persona che viaggia ha paura di volare, che si tratta di un volo notturno, che siamo entrambi giovani (ci piace far tardi la notte e divertirci). Una eventuale intelligenza artificiale sarebbe apparsa fredda e calcolatrice e non avrebbe mai pensato ad eventuali sentimenti di chi stava arrivando.

Anzi, a rigor di logica, nel messaggio non c'era nemmeno un accenno ad una persona che dovesse arrivare, il messaggio poteva andare altrettanto bene se fossi stato io a

dover partire. Ecco dunque che vengono a galla le ragioni fondamentali del rallentamento (sinora) nell'implementazione dell'Intelligenza Artificiale: semplicemente
l'impossibilità di dotare la macchina di un "senso comune" che le permetta di
estrapolare conclusioni da dati per altro verso insufficienti; portando l'argomento ai
limiti estremi si giunge alla (in)capacità della macchina di poter affermare qualcosa
di sensibile su sé stessa (autocoscienza). Certo, la macchina potrà essere avvertita
delle variazioni all'esterno ed all'interno attraverso sensori e confrontare i dati con gli
stati alterati pericolosi, ma non potrà mai, nelle conoscenze attuali, "provare dolore"
e quindi "imparare dai propri errori" nel senso completo del termine. Né divenire
psicotica come Hal 9000, il protagonista di "2001: Odissea nella Spazio".

Comunicazione e sensibilità

Siamo giunti al termine di questa lunga chiacchierata tornando agli argomenti iniziali.
Si può fare comunicazione se e quando il messaggio venga trasmesso tra unità
confrontabili, che siano in grado di comunicare.

Ma come capire se le unità sono in grado di comunicare senza provare la
comunicazione?

Al momento attuale non è possibile stabilire quali siano i requisiti minimi che
consentano la comunicazione tra due entità: nel libro "La mente e le menti" [4]
di Daniel Dennett assistiamo alla creazione di una serie di scatole cinesi da parte
degli scienziati e la linea temporale vede i concetti di Darwin sostituiti da Skinner e
ancora da Gregor, nel tentativo di rappresentare il tipo di reazione di una creatura
all'ambiente, per cercare di capire in quale momento si passi dall'atto meccanico
(replicazione DNA) a quello istintivo (fuga del polpo dal nemico che ha riconosciuto)
e da questo a quello cosciente, per capire quali comunicazioni vengano recepite
dall'individuo e quali invece semplicemente assimilate come stimoli indefinibili
dell'ambiente, come fatti casuali e non causali.

La risposta alla domanda sulla nascita dell'intelletto è al momento "non lo so".
Secondo Dawking, nel suo libro "il gene egoista" [5], quella meraviglia di orchestra-
zione della Natura che è il corpo umano altro non sarebbe che un perfezionatissimo
sistema di protezione escogitato dalla Natura tramite aggiustamenti successivi per
salvaguardare i geni dell'individuo.

È ovvio che, in quest'ottica, domandarsi il significato della comunicazione equivarrebbe al poter rispondere alla domanda se i robot siano in grado di pensare...

Come nasce la telecomunicazione?

Ora che abbiamo più o meno compreso in che maniera funziona (o non funziona)
la comunicazione, siamo pronti ad affrontare il breve ma ricco viaggio nella storia

delle telecomunicazioni; se infatti è stato difficile capire cosa si intenda con contenuto semantico e formalismo sintattico di un concetto, sia esso un colore, una frase o un enunciato logico-matematico, ancora maggiore sarà la difficoltà nel cercare di trasmettere artificialmente tale concetto integralmente, senza perdita di informazioni e con la minore energia e banda passante possibile: in altre parole vedremo in che modo l'Uomo sia riuscito a codificare ed a trasmettere le informazioni a distanza nell'arco della propria esistenza.

C'era una volta...

Possiamo affermare abbastanza tranquillamente che la cultura e la civiltà siano nate nel momento stesso in cui tribù diverse decisero di mettere a fattor comune le proprie usanze e conoscenze; allora la comunicazione poteva raggiungere la velocità del miglior corridore del gruppo, anche se l'interpretazione lasciava comunque a desiderare a causa delle lacune esistenti tra i vari dialetti (problema che, lungi dall'essere stato risolto, è tuttora vivo e pressante nelle odierne reti di computer...).

Successivamente si passò a comunicare attraverso segnali di fumo o di luce, ma in quel caso, se la distanza coperta era maggiore, il contenuto informativo era di gran lunga inferiore (si può pensare a tal proposito ad un parallelo tra LAN e WAN negli anni Novanta). A metà strada si trovavano i "corrieri", che utilizzavano cavalli e carri per attraversare città e ponti attraverso le frontiere di città e stati diversi (il riferimento a router e bridge è qui quanto mai evidente).

L'industrializzazione

I sistemi di comunicazione restano pressoché inalterati per lungo tempo.

Poi, nel tardo diciannovesimo secolo, iniziano ad apparire i primi timidi esperimenti per infrangere le barriere millenarie al progresso: il motore a scoppio, l'elettricità, il calcolo automatico, il telefono, il telegrafo e la trasmissione a lunga distanza, dopo un periodo più o meno breve di studio e miglioramento, escono dalla fase di sperimentazione e divengono operativi a tutti gli effetti. Geni del calibro di Meucci, Bell, Edison e Marconi, con la loro caparbietà e perseveranza riuscirono a creare il mito dell'informazione senza confini. Anche se il senso della trasmissione delle informazioni era sempre il medesimo, vennero finalmente create strutture di trasporto e codifica dei dati assolutamente innovative.

Nel ventesimo secolo si moltiplicano le applicazioni che sfruttano la trasmissione dei dati, tanto in campo civile quanto militare e le due Guerre Mondiali spingono alle estreme conseguenze tecnologia e scienza di calcolo per riuscire a superare le linee nemiche. È in questo periodo che nasce la scienza dell'Informazione: Gödel nella Logica e nella Matematica, Von Neumann e più tardi Morgenstern e Nash nella Teoria dei Giochi, Turing e Shannon nella codifica cercano di trovare in ambiti differenti il sistema migliore per trasmettere dati senza perdita di informazione. Ovvio che dopo aver trascorso anni nello studio del migliore algoritmo di cifratura dei dati, molte delle menti anzi ricordate si trovarono perfettamente a proprio agio nel redigere algoritmi per la trasmissione di informazioni a distanza: la matematica, la logica e la tecnica necessarie sono sostanzialmente identiche, in quanto si trattava comunque di creare un protocollo di intesa tra un trasmittente ed un ricevente che fosse coerente, non contraddittorio e diretto esclusivamente ai due interlocutori senza intromissione di terze persone.

Il secondo Dopoguerra

In molti affermano che ENIAC fu il primo vero computer programmabile costruito dall'Uomo. In realtà ne esisteva almeno un altro, il "Colossus" in dotazione all'Intelligence inglese, che durante la Seconda Guerra Mondiale veniva utilizzato per tentare di decrittare il possente codice creato dalla macchina a rotori tedesca ENIGMA o l'altrettanto robusto codice porpora giapponese, che tuttavia resistette inviolato sino al termine delle ostilità.

Vale forse la pena qui di ricordare che uno dei responsabili del progetto ULTRA, che portò avanti in segreto lo sviluppo di Colossus, era Alan Matheson Turing. Al termine delle ostilità ci si trovò pertanto con un vastissimo patrimonio tecnologico da reinvestire per la ricostruzione. Così dalla fine degli Anni Quaranta fiorirono ENIAC, EDSAC, JOHNNIAC e tutta una serie di grosse macchine da calcolo, sempre più veloci e sofisticate.

Lentamente i transistor andavano sostituendo le valvole termoioniche, più instabili, fragili ed esose in termini di energia, ma ridisegnare completamente uno schema elettrico composto di oltre ventimila tubi a vuoto non era certamente uno scherzo ed apparvero i primi computer "ibridi". La prima calcolatrice commerciale completamente transistorizzata al mondo fu la ELEA 9003, uscita nel 1958 dagli stabilimenti Olivetti, allora all'avanguardia rispetto persino all'IBM di quel periodo. Con il successivo avvento dell'ELEA 6001, i computer in Italia nel 1964 erano oltre 170!

IBM e l'approccio monolitico

Appare evidente che con questi numeri la necessità di internetworking non sia ancora particolarmente sentita, sebbene inizia a porsi il problema di una o più console di immissione dati, una o più stampatrici di linea e così via. Il concetto del computer da ufficio andava però modificandosi rapidamente nel tempo: esso consisteva in un mainframe, centralizzato e in una serie di terminali "stupidi", connessi via cavo coassiale attraverso opportune unità di controllo al canale di comunicazione. I terminali potevano trovarsi tanto in locale quanto in remoto, collegati attraverso un front-end processor (FEP) che gestiva la trasmissione dei dati in genere su linea dedicata; la velocità di trasmissione era compresa tra i 300 ed i 9600 bit/secondo (nel caso delle master console).

Ciascun FEP, inoltre, poteva gestire più linee contemporaneamente, in time sharing, a patto di non eccedere con le capacità di throughput e ciascuna linea andava idealmente a servire un determinato ufficio. Inizialmente si utilizzava il protocollo BSC, che consisteva in una mappatura rigida tra terminale, linea e unità di controllo: il mainframe caricava in memoria la tabella di instradamento ed il gioco era fatto; successivamente tuttavia l'aumento vertiginoso degli uffici dotati di terminale rese necessario il passaggio ad un metodo d'accesso "virtuale" (VTAM), in grado di allocare e gestire un certo numero di risorse a prescindere dalla loro presenza e posizione fisica e di dirigere i dati richiesti negli uffici più opportuni ed attraverso il cammino più rapido.

L'avvento di Internet

L'ARPA (Advanced Research Projects Agency) nasce come istituto di ricerca pura, spinto non solo (come spesso si sente dire) come prodotto militare la cui esigenza divenne più sentita successivamente al lancio dello Sputnik russo nel 1957. Ovviamente la possibilità di disporre di un sistema di trasmissione indipendente, resistente ad attacchi nucleari, fault-tolerant e a basso prezzo spinse il Department of Defense degli Stati Uniti ad investire, apertamente o sottobanco, nel progetto, che restava comunque ufficialmente un progetto squisitamente tecnologico e non militare.

Intorno all'Ottobre del 1962 il gruppo viene gestito da Licklider. Seccato dalla lentezza dell'elaborazione batch che allora era di prammatica (migliaia di schede perforate date in pasto al computer, che restituiva risultati diversi giorni dopo) Licklider decise di spingere il più possibile le tecnologie dell'epoca per riuscire ad ottenere un "Intergalactic Network", una interconnessione tra differenti comunità.

Venne creato ARPANET, ma fu Lawrence Roberts a puntualizzare e risolvere il problema relativo all'interoperabilità tra computer aventi hardware e software incompatibili tra loro. Era il 1967.

Successivamente si lavorò senza sosta sia alla stesura di documenti necessari alla standardizzazione delle procedure e dei protocolli di trasmissione, sia all'installazione di linee di trasmissione tra le università più note per eseguire test. Intergalactic Network divenne Internet, ma il risultato di gran lunga più importante (e spesso meno noto e dichiarato dai media) fu il sistema assolutamente nuovo di considerare i computer, ora come attrezzature per la comunicazione anziché come attrezzature aritmetiche [8]. Internet si espanse da allora, prima attraverso le università, quindi inglobando enti pubblici e privati con una crescita assolutamente impensabile [9].

Il Personal Computer alla ribalta

Di nuovo un Italiano, stavolta Federico Faggin, imprime nel 1970 una svolta decisiva nel corso dell'avanzamento tecnologico mondiale, progettando e costruendo il primo microprocessore a 4 bit (MCS4) ed a 8 bit (8080) della Storia, alla Intel. Nel frattempo stavano comunque maturando i tempi per un drastico cambio di vedute: il computer monolitico lasciava il passo al calcolo dipartimentale e questo a sua volta produceva sistemi di calcolo personali a basso costo.

Contestualmente a questo fenomeno nasceva la necessità di accedere ad informazioni nel più breve tempo possibile: l'architettura dei mainframe non era più in grado di competere con il dinamismo di Internet e solo utenti come le banche e le assicurazioni, per le quali la sicurezza dei dati e la ridondanza delle procedure erano una condizione necessaria, continuarono a farne uso. Tutti gli altri iniziarono a lavorare cercando di utilizzare la rete telematica (non ancora divenuta "la Rete").

Al fianco delle linee telefoniche commutate si moltiplicano nuove linee dedicate "punto-punto" che garantiscono la sicurezza e l'integrità dei dati trasmessi, sempre più spesso in tecnologia "numerica" o digitale (per costruzione meno suscettibili di rumore di fondo e quindi di distorsione). Nasce e si diffonde la tecnologia di reti a commutazione di pacchetto, dedicate alla trasmissione dati in standard X.25 (ed X.28 per i sistemi più lenti): si tratta di una rete magliata, costruita con una serie di punti di accesso e ripetitori intermedi fittamente interconnessi tra loro.

I dati provenienti dall'utente vengono così inviati dall'access point di partenza verso l'indirizzo dell'access point destinatario, lasciando ai nodi intelligenti presenti sul percorso il compito di cercare la strada più rapida ed efficiente per il pacchetto. Se tutto ciò vi ricorda di nuovo la tecnologia presente su Internet, a base di server e di router, siete sulla buona strada... l'unica differenza è data dal peso e dalla tecnologia utilizzata.

La rete a commutazione di pacchetto italiana (ITAPAC) lavorava a quei tempi a velocità di 1200-2400 bit/secondo, arrivando a 64 kbit/secondo (teorici) su costosissime linee X.25 bilanciate. In un periodo in cui iniziavano a diffondersi i modem domestici a 14.400 bit/secondo con compressione dati e correzione d'errore per collegamenti ad Internet, era una tecnologia nata vecchia... Ciò non toglie che sia possibile utilizzarla ugualmente in casi particolari: ad esempio, un paio d'anni fa durante un coast-to-coast negli Stati Uniti mi era sufficiente collegare il portatile alla presa telefonica dell'albergo e digitare il numero verde per la connessione ad un carrier che consentisse l'accesso ad una rete a commutazione di pacchetto e di lì prendere la strada del mio provider italiano (che ovviamente disponeva di un accesso attraverso ITAPAC) per accedere beatamente in telnet ai miei server in Italia, senza spendere una lira. Certo, la connessione era lenta, ma io viaggiavo a carattere e non in grafica, al massimo utilizzavo Lynx ed il tutto funzionava ad una velocità tutto sommato buona. Ma stiamo divagando...

LAN, WAN, MAN

Come abbiamo ricordato in precedenza, i primi collegamenti tra computer differenti avvennero in ambito universitario (campus).

Successivamente le università nelle quali il settore tecnologico era maggiormente avanzato richiesero di cablare tra loro tutte le aule scientifiche e non solo i computer centrali: nascevano piccole sottoreti separate dal dipartimento centrale o "locali". LAN è per l'appunto acronimo di Local Area Network". Allo stesso modo filiali decentrate di ditte importanti provavano l'esigenza di comunicare costantemente alla sede principale le proprie informazioni: le reti WAN, inizialmente gestite attraverso un mainframe ed una serie di FEP risentivano della necessità di una configurazione centralizzata e, soprattutto, dei problemi connessi alla gestione dell'hardware di collegamento (cavi e centrali telefoniche, nella maggior parte dei casi gestite da un ente a parte).

Come accadde migliaia di anni fa per i primi assembramenti umani, prodromi di una ventura civiltà, le piccole reti locali e le sedi distaccate divennero sempre più numerose e sempre nuove parole venivano messe in comune per uno scambio di informazione più rapido ed efficace.

Grazie anche ad Internet, che in quel periodo ebbe la sua grande rivelazione al pubblico, le tecnologie di collegamento subirono un rapido e dinamicissimo mutamento, tanto da portare allo sviluppo di vere e proprie reti metropolitane (MAN, ovvero Metropolitan Area Network).

Tecnologie a confronto

Dalle vecchie linee a 9600 bit/secondo si passò alle linee a 64 Kbit, sia in tecnologia CDN (Collegamenti Diretti Numerici) che ISDN (Integrated Services Digital Network). Un collegamento CDN era sostanzialmente una linea telefonica privata che giungeva a destinazione senza diramazioni, la cui banda trasmissiva (ovvero la quantità di dati che poteva essere trasmessa potenzialmente) era completamente dedicata al proprietario e non doveva essere condivisa con altri utenti; secondo un teorema cardine della trasmissione dati, infatti, la quantità di informazione che può viaggiare su di un mezzo fisico è fissa e legata a parametri: un po' come una stanza che diviene più rumorosa via via che si riempie di gente ed obbliga chi parla ad alzare la voce (utilizzando quindi un'energia maggiore) per farsi capire.

Ovvio quindi che possedere una linea completamente dedicata ai propri scopi diveniva un modo interessante per garantire un investimento redditizio. L'altro lato della medaglia era ovviamente il costo: si pagava per 24 ore al giorno un collegamento che veniva utilizzato al massimo solo per pochi minuti o poche ore... Se fosse stato possibile avere una sorta di linea privata virtuale da pagare solo quando veniva utilizzata sarebbe stato il massimo! Ed ecco da una parte le VPN

(Virtual Private Networks, reti private virtuali) a commutazione di pacchetto, veri
"canali preferenziali" all'interno di ITAPAC, pagate a occupazione di porta ed a
pacchetto trasmesso e le linee ISDN, linee digitali private i cui costi maggiori delle
CDN venivano tuttavia limitati al solo periodo di collegamento. ISDN, in particolare,
veniva proposto in diverse modalità: c'era infatti la possibilità di acquistare una linea
a 64 Kbit/secondo (accesso base) o direttamente un accesso primario, composto di un
fascio di ben 30 accessi base per un totale di 2 Mbit/ secondo: una vera manna in quel
periodo. Come i più acuti avranno notato, 30 accessi base corrispondono a qualcosa
meno di 2 Mbit; infatti le linee ISDN sono composte di un canale dati ed un canale "di
servizio", sul quale viaggiano solitamente messaggi di controllo della linea.

Un po' di statistica...

Quando "comunichiamo" con un interlocutore, magari al telefono, in genere poniamo
domande, attendiamo risposte, gestiamo la conversazione perché non vi siano attese
eccessive da un lato o dall'altro.

Tendiamo ad ottimizzare il flusso della conversazione. Allo stesso modo, due
interlocutori digitali utilizzeranno un protocollo per garantire che ciascuno possa
ascoltare l'altro e rispondergli di conseguenza. Ciò significa che all'inizio di una
"frase" o "concetto" l'utente dirà qualcosa del tipo: "Ora ascoltami bene, sto per
raccontarti qualcosa di interessante per i prossimi minuti. Sei pronto?"; l'altro
risponde: "Ma certo, inizia pure quando vuoi, ti ascolto!"; il primo inizia a parlare,
chiedendo di tanto in tanto se l'altro segue o se deve spiegare un concetto non chiaro.

Alla fine, il primo interlocutore esclama: "Bene, ho finito! Che te ne pare?", mentre
l'altro risponde: "Oh, meraviglioso davvero! Tutto ciò mi fa pensare che..." ed inizia a
sua volta a parlare.

Bene, questo, in parole povere, è il concetto di protocollo di comunicazione, seguito
in modo più o meno identico da ciascun sistema di trasmissione dati, magari in modo
più schematico e meno colloquiale.

Ci si rende conto facilmente dei "buchi" presenti durante la conversazione.

Qualcuno ha pensato di riempire tali pause con una nuova trasmissione, sfruttando
i silenzi della prima. Attraverso un algoritmo statistico viene "pesato" il contenuto
di informazione di ciascun flusso di dati, mentre un elaboratore dedicato si occupa
di "spezzettare" i flussi in modo che la banda trasmissiva sia sempre vicina al limite,
senza superarlo mai. In tal modo è possibile utilizzare un'unica linea con più flussi
informativi ed evidenti benefici economici per chi decide di adottare tale tecnologia.

Il problema della voce

Purtroppo alcune volte il sistema statistico deterministico adottato dal multiplexer non ottiene i risultati desiderati. Qualora infatti volessimo in queste condizioni utilizzare un accesso ISDN primario tanto per trasmettere dati quanto per comunicare via telefono, dovremmo separare i flussi: mentre i dati possono venir spezzettati e ricomposti all'arrivo senza problemi, la stessa cosa non si può dire della voce; se il segnale digitale della mia voce venisse infatti trasmesso senza continuità, il ricevente udirebbe solo una serie di lamentosi singulti, fonemi separati tra loro, sintagmi spezzati e faticherebbe non poco per riuscire a seguire anche solo il filo logico del mio discorso. Questo problema è noto sicuramente a coloro che hanno sperimentato il "telefono via Internet", la "webcam" e le videoconferenze in genere. Alcuni pacchetti di dati semplicemente non possono subire latenze di trasmissione superiore ad un limite stabilito.

Questo problema, ereditato dagli STDM ai router della passata generazione, sembrava insormontabile, costringendo le aziende ad investimenti doppi per reti dati e fonia. Fortunatamente, il protocollo TCP/IP, nonostante i suoi oltre 30 anni di anzianità, ci è venuto di nuovo in aiuto: esiste infatti un campo all'interno del pacchetto TCP che viene utilizzato per indicare al ricevente una particolare priorità nella decodifica. Nel nostro caso, nel caso di voice over IP o di video broadcasting, il router ricevente non è necessariamente il destinatario del pacchetto, ma anche il router sul quale il pacchetto dovrà transitare. Si è convenuto di dare ai pacchetti contenenti segnali che necessitano di continuità trasmissiva un trattamento differente, prioritario appunto, pur garantendo l'utilizzo di una adeguata banda trasmissiva al resto dell'informazione.

Grazie infatti a processori di segnale digitale sempre più rapidi ed efficaci, i router dell'ultima generazione dispongono di sofisticati algoritmi di schedulazione e gestione delle code: oltre a smistare i pacchetti TCP/IP ricevuti ai vari indirizzi, eseguono una valutazione statistica non solo della quantità e della direzione del traffico, ma anche della qualità (da cui l'acronimo QoS, Quality of Service), mantenendo attivi i flussi che necessitano di un feed costante e gestendo il resto del traffico attraverso una serie di parametri di scelta variabili a seconda della policy utilizzata.

Ovvio che ha senso parlare di QoS qualora la banda trasmissiva del provider sia sufficientemente elevata (ad esempio su backbone da 622 Mbit/secondo): infatti quanto più è largo un viale, tanto maggiore sarà la cura necessaria per gestirne e canalizzarne il traffico senza causare ingorghi inutili; appare peraltro ovvio che nei casi meno favorevoli di banda più ristretta, l'uso del QoS favorisce nettamente il Voice over IP e la trasmissione di stream video, ma rischia di intasare ancor di più (al limite bloccandolo) il traffico relativo a flussi diversi. Per questo motivo l'uso di QoS dev'essere attentamente valutato occasione per occasione [10].

Conclusioni

Ne è stata fatta di strada dai tempi del cavo coassiale IBM o del vecchio modem "a carbonella" da 300 bit/secondo! Certamente anche la tipologia della rete (anzi, ormai possiamo a buon diritto parlare della Rete) ha subito drastici mutamenti: da un sistema chiuso, centralizzato e monolitico ad un sistema completamente aperto, parcellizzato ed autogestito. Spesso si abusa di questa libertà: basti pensare che prima del WWW le informazioni venivano richieste in differita con strumenti come Gopher e Veronica e le risposte arrivavano spesso in posta elettronica durante la notte; era l'epoca gloriosa dell'interfaccia a carattere, del Telnet sui computer on-line, quando era semplice comprimere un flusso di caratteri alfabetici ad un quarto del loro spazio e quadruplicare virtualmente la velocità di scarico dei messaggi.

L'epoca in cui la sera ci si incontrava su Altos in Germania, su QSD in Francia e si discuteva dell'ultimo accesso pirata, dell'ultimo CED ministeriale violato, ma anche dei primi amori telematici ed internazionali. Poi la NCSA partorì Mosaic, le pagine si appesantirono di fronzoli inutili e come i cartoni animati presentati durante le operazioni di un noto sistema operativo internazionale portano a giustificare spropositati aumenti di risorse hardware, così al grido di "non c'è banda, non c'è banda!" si è assistito all'aumento di offerta di throughput solo per constatare che comunque la velocità non serve quando il traffico è sempre troppo.

Oggi la tecnologia xDSL mette a disposizione dell'utente domestico un canale che solo dieci anni fa avrebbe reso monopolista un service provider; ma la Natura, così come l'Uomo, non offre mai pasti gratis e se non saremo attenti quelle stesse caratteristiche di apparente autogestibilità di Internet ci porteranno verso un futuro di informazioni non più libere, bensì pilotate da chi è in grado di pagare di più per farsi vedere meglio o più spesso. Sono già lontani i periodi in cui la Rete era il mezzo di comunicazione delle università, il mezzo di scambio degli istituti di ricerca, il mezzo di consultazione degli archivi on-line: come i due interlocutori nella stanza affollata, tendiamo anche noi a gridare di più senza pensare che così facendo contribuiamo a creare rumore. Ci sono altre strade?

Io credo di sì.

Ma occorre separare il genio della fantasia dal desiderio di divertimento fine a sé stesso e di nuovo il parallelo con il PC è d'obbligo: se il personal computer verrà considerato come un elettrodomestico a volte un po' indocile, noi che lo usiamo per lavoro non potremo poi lamentarci se le ottimizzazioni una volta pane quotidiano nel nostro lavoro vengono omesse per lasciare spazio alla musica ed ai colori. Allo stesso modo la Rete potrebbe assurgere ad organismo dotato di reazioni autonome agli eventi esterni (i primi esperimenti di calcolo distribuito su Internet, specie nell'ambito degli automi cellulari, ha dato risultati esaltanti), se solo si disponesse di un minimo di autolimitazione.

Ma anche in questo caso si tratta esclusivamente di una questione di capacità di comunicazione...

Poscritto

Nel presente capitolo abbiamo avuto una lunga digressione sul concetto stesso di comunicazione, per poi concentrarci approfonditamente sulle tecnologie legate alla comunicazione elettronica.

Avremmo potuto affrontare anche le idee di comunicazione verbale/scritta, le differenze implicite nelle grammatiche generative, la psicolinguistica, ma I margini di questo sistema di lettura non sarebbero stati sufficienti, ed I concetti espressi avrebbero corso il rischio di apparire fuorvianti.

Ad ogni modo, il concetto saliente risulta il seguente: conversare non è comunicare, nella misura in cui I bit relativi all'handshaking di un protocollo non contengono la semantica dell'informazione stessa, quanto la sua correttezza sintattica. Il cammino dell'Uomo consiste, oggi più di ieri, nell'analizzare la mole di dati sempre più imponente a nostra disposizione per estrarne tutte e sole le informazioni necessarie, informazioni che con maggiore frequenza vengono attutite e dissimulate tra i bit.

Siamo, in pratica, ad un livello simile a quello raccontato da Alesssandro Manzoni nei Promessi Sposi, dove grida pompose appese sui muri degli edifici per esortare I cittadini a non compiere atti contro le leggi dell'epoca (pena severissime sanzioni) avevano come contenuto semantico implicito la dichiarazione di incapacità di reazione da parte dello Stato. La parte più difficile nell'analisi, allora come oggi, consisteva nel capirlo.

Bibliografia

1. Albert Einstein, "Pensieri di un uomo curioso", Oscar Mondadori, 1997, ISBN 88-04-43624-7
2. Clifford Pickover, "La scienza degli Alieni", Longanesi & C., 2000. ISBN 88304-1774-2
3. C.Giustozzi, A.Monti, E.Zimuel, "Segreti, spie, codici cifrati", Apogeo, 1999, ISBN 88-7303-483-7
4. Daniel C. Dennett, "La mente e le menti", Sansoni, 1997, ISBN 88-383-1726-7
5. Richard Dawking, "Il gene egoista", Zanichelli, 1982
6. D.Hofstadter, D.Dennett, "L'Io della mente", Adelphi, 1985
7. AA.VV., "Mente umana, mente artificiale", Feltrinelli, 1989, ISBN 88-07-10123-8
8. http://dir.yahoo.com/Computers_and_Internet/internet/history/arpanet/
9. http://som.csudh.edu/cis/lpress/history/arpamaps/
10. Srinivas Vegesna, "IP Quality of Service", Cisco Press, 2000, ISBN 1-57870-116-3

XXVI. La New Economy

Scelte dell'oggi tra ieri e domani.

I sognatori vivono dei propri sogni, i visionari cercano di realizzarli.

Ad una frettolosa analisi, entrambe le categorie appaiono in qualche maniera patologiche, poiché tendono a basare le proprie certezze e le proprie direttive su qualcosa che non esiste. Ma sino a che punto è possibile affermare che un sogno non esiste? Secondo Sigmund Freud, autore de "L'interpretazione dei sogni" (1900), il sogno altro non sarebbe che l'estrinsecazione di una volontà primaria ed inconscia, in qualche modo violentata e repressa dal SuperIo, che nel sogno tende ad esprimere il proprio diritto all'esistenza.

Sogno è quindi un'esigenza della personalità che offre una valvola di sfogo contro le nevrosi. Fisiologicamente, invece, l'attività onirica consente una sorta di cortocircuito non cosciente, senza il quale l'Uomo morrebbe nel giro di pochi giorni. Platone vedeva nel sogno una rappresentazione di una rappresentazione dell'Idea, concetto estremo e perfetto residente nell'Iperuranio: per lui dunque il sogno era ulteriore corruzione di un concetto imperfetto. In che misura, dunque, appare lecito a sognatori e visionari di proseguire nella propria ricerca della realtà migliore?

Una questione di scala

L'unica risposta accettabile è che non esistono risposte accettabili.

Le prime avvisaglie di una tale paradossale affermazione apparvero negli studi sull'Ontologia Trascendentale di Martin Heidegger, e vennero successivamente confermate da studi sulla filosofia della fisica e della matematica condotti da Albert

Einstein (Teoria della Relatività Gemerale, 1916), Werner Heisenberg (principio di indeterminazione, 1927) e Kurt Gödel (Teorema sull'incompletezza delle relazioni logiche, 1932). A soli 32 anni dalla trionfalistica affermazione di David Hilbert sulla capacità della mente umana di poter trovare una soluzione a qualsiasi problema impostato in maniera formalmente corretta, appare un teorema che dimostra esattamente il contrario: in un qualsiasi sistema assiomatico coerente e non contraddittorio esistono teoremi veri per costruzione ma non dimostrabili per deduzione. E ciò ci riporta al problema centrale: in quale misura è scorretto parlare di comportamento patologico nei sognatori e nei visionari? O, posto in altra maniera: esiste un modello della realtà (sia esso assiomatico, logico-deduttivo, economico, politico o sociale) dal quale possano scaturire solo istantanee coerenti (e pertanto vere) della realtà descritta?

La risposta, come abbiamo oramai intuito, è un secco e deciso NO. "Non è la ragione che guida l'Uomo", soleva ripetere David Hume, "bensì l'abitudine": la ripetitività delle nostre azioni ci porta ad una sorta di principio di induzione corrotto tale che "È reale ciò al quale siamo abituati per continue ripetizioni", una sorta di metodo scientifico galileiano al rovescio, meglio noto come il Primo Principio della Burocrazia: "È sempre stato fatto così, quindi dev'essere così che occorre farlo". La Realtà, diceva lo scrittore Robert Sheckley, è solo una delle infinite allucinazioni possibili: tanto vale prenderla per ciò che ci appare senza troppe domande su di essa, riservando invece la propria materia grigia alla risoluzione ed alla correzione di problemi di coerenza locale.

Contenuto semantico di una inversione

Sin dai primordi della civiltà umana, le scoperte innovative e le invenzioni sono state catalogate in due grandi categorie: le nuove idee e le idee nuove. Alcuni esempi saranno utili a chiarire ulteriormente il concetto. Nel campo dell'elettronica, la tecnologia ha proposto una serie di innovazioni al famigerato transistor: si è passati per una modifica dei materiali (dal germanio al silicio), delle dimensioni (miniaturizzazione), delle connessioni (utilizzo di wafer di silicio multistrato e simulazioni di contatti tetradimensionali su ipercubi) e della velocità di commutazione; in tutti questi casi, al transistor è stata applicata una nuova idea per aumentarne il rendimento e la capacità di lavoro. Il passaggio dalla valvola termoionica al transistor, invece, ha rappresentato una idea nuova, poiché si è passati da un utilizzo di materiali deperibili su circuiti ad alta tensione, all'utilizzo di materiali allo stato solido pilotati dalla corrente, con consistente risparmio energetico come effetto collaterale. In altre parole, l'idea nuova è rappresentata da un nuovo modo di concepire il sistema, e non da un nuovo sistema per risolvere il vecchio problema.

Altri casi di idee nuove potrebbero essere rappresentati dal passaggio della trazione veicolare senza utilizzare idrocarburi o altro materiale altamente inquinante e scarsamente efficiente, la produzione di informazioni dopo l'invenzione dei caratteri mobili per la stampa, l'utilizzo della banda radio con frequenza a 1.420 GHz, particolarmente silenziosa, come canale per la ricezione di segnali intelligenti dall'universo. Una nuova idea è in ultima analisi un concetto assolutamente innovativo, profondamente diverso e con implicazioni ancora non del tutto chiare. Migliaia di idee nuove appaiono per ciascuna delle poche, importantissime nuove idee che producono nuovi interessanti sbocchi tecnologici e sociali, ed il più delle volte pongono interrogativi altrettanto imbarazzanti. Viene dunque spontaneo, a questo punto, chiedersi se quella "New Economy" tanto acclamata in questi ultimi tempi rappresenti effettivamente un qualcosa di veramente nuovo, una "nuova idea", o semplicemente l'ennesima idea nuova sull'onda delle innovazioni tecnologiche.

Computer ed Internet: analisi di una tendenza

L'inizio degli anni Ottanta merita di essere ricordato come il periodo in cui per la prima volta il computer, allora noto come "cervello elettronico", si affaccia nelle medie e piccole aziende, ed acquisisce l'attributo di "personale". In quell'epoca nacquero le polemiche relative ai tagli delle forze lavoro "umane", ai costi per gestire l'hardware ed il software, ai problemi di manutenzione ed alla nascita di nuove figure professionali specializzate. Un gruppo, più conservatore, si chiedeva se i costi aggiuntivi per rendere personale l'uso del computer non fossero eccessivi, mentre un altro, più aggressivo nei confronti del mercato, temeva di perdere la possibilità di cavalcare la tigre, lasciando agli avversari una ghiotta occasione per arricchirsi con un'idea. La diatriba, fondamentalmente, era quella tra il "Possiamo permettercelo?" ed il "Possiamo permetterci di non averlo?". Il tempo, galantuomo sino in fondo, non ha compiuto alcun favoritismo, assegnando a ciascun gruppo la propria percentuale di vittorie e di sconfitte, dimostrando una volta di più, se mai ce ne fosse stata necessità, che non è l'idea in sé ad avere un valore, bensì il modo in cui l'idea riesce ad ottenere il favore della gente "comune".

Gli anni trascorrono rapidi nel susseguirsi pigro di giorni apparentemente tutti uguali; d'improvviso un nuovo scossone giunge dai Media, sempre alla ricerca di novità, di dati nei quali incartare un'informazione comunque sommaria: finalmente (siamo negli anni Novanta) viene scoperto Internet! Ora, ad essere cattivi, occorrerebbe precisare che Internet (anzi, Arpanet, progetto inizialmente segreto del Department of Defence USA) abbia visto la luce già intorno alla fine degli anni Settanta, che le università statunitensi avevano una collaudatissima rete di computer interconnessi già da un decennio, che nel 1987 la stessa Telecom Italia (allora SIP) rimase spiazzata dalla richiesta di "borchia modem per utenza telematica su rete commutata", e dovette in breve tempo ricorrere a nuovi contratti di fornitura per far fronte alle nuove richieste di mercato, in parte prontamente soddisfatte (bypassando SIP stessa) dalla nuova ondata di fabbriche indipendenti poste nell'Estremo Oriente... ma pazienza. In fondo i Media scoprirono l'impatto sociale del PC quando oramai i giochi erano fatti, e mentre da una parte suonavano la grancassa contro i monopoli ed a favore dell'Antitrust, dall'altra pubblicizzavano con i propri articoli i prodotti di colui che ora è diventato il Monarca Unico dell'Informatica personale.

Internet facile, dunque, Internet per tutti. Ma cos'era, allora, Internet, e cos'è oggi? Quante persone, in un campione di popolazione medio, sarebbero in grado di dare una definizione coerente e non contraddittoria di tale fenomeno? Poche, in realtà: la maggior parte di quelle che cercassero di dare una risposta, identificherebbero Internet con la pirateria, con i video hard, con la pedofilia ed altre squisite amenità che la stampa ci propina. Pochi sarebbero in grado di capire che un fenomeno di una simile portata NON può basarsi esclusivamente su tali caratteristiche; ancora di meno sarebbero in grado di utilizzare Internet in modo costruttivo, attraverso ricerche mirate di informazioni nella enorme messe di dati inutili o privi di significato effettivo.

Una campagna di disinformazione involontaria e mirata, dunque, che tendeva a creare un mito da rincorrere, uno status da desiderare, senza però offrire ulteriori benefici o dividendi. Curiosamente, nessuno o quasi si è mai posta la domanda del "perché mi occorre internet?": dal momento che oramai Internet è gratis (non è vero in realtà, ma tale è la campagna informativa) sarebbe sciocco non averlo... e per imparare ad usarlo si fa sempre in tempo. In sostanza, si è cercato di dare all'utente finale l'impressione di fare un affare nel prendere possesso della "internet-abilità". Ma quale potrebbe essere la ragione ultima di un simile arzigogolato comportamento? Per quale motivo vendere un'idea dandole un abito differente da quello reale?

Mercato globale e utente finale

Le tessere di questo mosaico tendono ad un numero elevatissimo, e risulta comunque difficile riuscire a mantenere un equilibrio anche solo precario e non sbilanciarsi a favore di questa o di quell'altra ipotesi. Una delle campagne pubblicitarie che mi piace ricordare con affetto è quella che seguì il lancio sul mercato dell'home computer Commodore C64, verso la fine degli anni Ottanta: lo slogan accattivante recitava "Ora che ce l'hai, guarda che ci fai!", indicando tutta una serie di prodotti preconfezionati e pronti all'uso; erano nati i fogli elettronici, gli elaboratori di testo, i piccoli database e, non ultimi, i videogiochi. Perché, occorre ricordarlo, un computer non è altro che un ammasso di ferraglia (hardware, appunto), senza i programmi che ne sfruttino le capacità...

Se questo breve aneddoto accende una spia d'attenzione nei pochi lettori che sono giunti sino a questo punto, il mio umile scopo è stato raggiunto! A cosa serve, infatti, Internet, senza una serie di prodotti che tramite Internet stessa possano essere utilizzati, veicolo di un mercato sempre più capitalista e liberista? A nulla: una ragnatela di connessioni aggrovigliate, a livello mondiale, ma prive di un'utilità economicamente pratica. Per accedere al valore aggiunto offerto dall'interconnessione globale, occorreva inventare un mercato che solo attraverso tale sistema potesse essere raggiunto, imponendo da una parte standard qualitativi ad hoc, e dall'altra proteggendo il neonato mercato dalle insidie di una concorrenza sovente sleale, e comunque particolarmente agguerrita e conservatrice.

Tuttavia, se la novità di Internet offre ossigeno ad un sistema economico oramai appesantito ed in mano a pochi gruppi multinazionali, dall'altra appare contraffatta, quasi grottesca imitazione del sistema attualmente in uso, e per ciò stesso da guardare con circospezione. Una considerazione per tutte: è occorso un decennio per convincere l'utente finale all'idea del denaro elettronico attraverso i sistemi di carte di credito: il fruitore medio infatti, sovente distratto o disattento, tendeva a dimenticare od a contar male le banconote reali, e proiettava questa sua mancanza psicologica (e di qui la sua sfiducia) sui gestori del denaro elettronico.

Non appena acquisita e consolidata in qualche modo la sicurezza dell'utente nei confronti delle carte di credito, gli viene richiesto un ulteriore sforzo: di immaginare che la transazione attraverso la quale egli diverrebbe proprietario dell'oggetto acquistato su Internet sia effettuata, gestita e controllata esclusivamente da macchine, quelle stesse macchine che giornalmente gli "cancellano" gli archivi e gli "perdono" le tabelle più importanti.

Come convincere dunque questo "utente quadratico medio" a fidarsi dei nuovi metodi di acquisto e gestione del denaro online? La risposta è semplice ed ingegnosa al tempo stesso: senza spostarsi dall'ambito nel quale ci si trova, si offre all'utente "smaliziato" la possibilità di partecipare agli utili di quei sistemi pubblicizzati. O, detta brutalmente in altri termini, si "compra" l'appoggio dell'utente. Ecco dunque nascere dal nulla miriadi di piccole e piccolissime aziende specializzate in applicazioni verticali come il commercio elettronico, la consulenza online, la sicurezza delle transazioni, i sistemi di home banking; un minimo di pubblicità in ambito finanziario, poi lo spostamento dei capitali in Borsa, l'offerta di parte della compartecipazione azionaria al privato ed un vertiginoso aumento della richiesta, che comporta in ultima analisi un autofinanziamento che in alcuni casi ha costituito oltre il 500%. Con una copertura finanziaria quintuplicata, le piccolissime aziende hanno potuto permettersi investimenti altrimenti impossibili, crescite pressoché istantanee ed utili di fine esercizio tali da premiare parzialmente coloro che avevano creduto in esse.

Ma tale manovra può essere vista anche da un'ottica differente: un voler dimostrare all'utente finale che effettivamente è possibile arricchirsi con Internet, che esiste un mercato nuovo e vergine da conquistare, e che quindi sono disponibili prodotti per utilizzare Internet come programmi che sfruttino un computer. Certo, si tratta di una nuova idea e non di un'idea nuova come vorrebbero farci credere, ma a questo livello la differenza non è più fondamentale. Ciò che conta è il dirottare capitali freschi verso un nuovo settore di mercato, e tentare di riuscire prima degli altri. Come sia finita purtroppo lo conosciamo tutti benissimo...

Considerazioni finali

New Economy, dunque? Io non direi... A mio modesto avviso, si è trattato del solito vecchio gioco di ricarrozzare vecchie vetture per venderle come nuove: l'unica differenza è nella globalità del mercato. La strada intrapresa non prevede multipolarità di gestione, così come il capitalismo tende ad accentrare le informazioni di molti nelle mani di pochi, ma in più le informazioni a disposizione sono legate alle transazioni finanziarie. Se a questo si aggiunge la continua immobilizzazione dell'individuo, che può ottenere tutto (in realtà tutto ciò che gli viene messo a disposizione...) senza muoversi di casa, la progressiva caduta dell'agonismo e dello spirito di ricerca, il tentativo di raggiungere obiettivi intellettualmente più elevati attraverso la competizione personale non mediata da un terminale, ci si rende facilmente conto che i futuri paradossali immaginati da James Ballard e da E.M. Forster non sono poi così al di là da venire... Chi è il visionario, dunque? L'utente che crede di realizzare un sogno che non esiste, il sistema che obbliga al consumo mascherando gli oggetti inutili come necessità per fini di mercato globale, o chi scrive questo pezzo ai limiti della fantascienza sociale? Probabilmente quest'ultimo, poiché almeno ha trovato il modo definitivo per realizzare i propri sogni... e le proprie ambizioni.

Poscritto

L'esperienza è un vecchio che cammina lungo una strada buia, con una lampada appesa alla schiena che gli permette di vedere la strada percorsa anziché quella davanti a sé.

Dopo la "bolla" della New Economy abbiamo testimoniato il passaggio delle "bolle" relative ai mutui sub-prime, alle energie alternative, alle nanotecnologie: ciascuna di queste "bolle" ha agito nello stesso identico modo della precedente, ed è egualmente terminata.

Apparentemente, l'unico che alla fine ha soddisfatto le proprie visionarie ambizioni è stato il sottoscritto...

XXVII. Sicurezza e tranquillità

Oggi è estremamente semplice tentare di violare la sicurezza di un sistema.

Stamane mi si avvicina un collega che si occupa di sicurezza di sistemi informatici chiedendomi se posso dare un'occhiata ad un programmino in C; accetto volentieri, ma quanto grande è il mio stupore nell'accorgermi che il "programmino innocente" è nientemeno che un codice stealth che consente di entrare su un sistema Linux e prenderne l'utenza di root di nascosto, portando avanti i propri comodi senza essere notati. Tuttavia c'è qualcosa che non mi convince: il programma è commentatissimo, pulito, scritto apparentemente per uso didattico. "Chi ti ha dato questo programma?" gli chiedo. Lui arrossisce un po', poi confessa "l'ho isolato su un server che funzionava male, ora ho capito il perché. Rileggendo l'history ho scoperto che un utente vi si era intrufolato come root attraverso Internet, vi aveva scaricato (e compilato!) il programmino e lo aveva lanciato per essere costantemente riconosciuto e nascosto. Infine aveva iniziato a provare diversi comandi."

Il furbacchione era un novizio, in quanto aveva lasciato tracce un po' ovunque, compreso il codice sorgente del programma suddetto. Ciò non toglie che la pericolosità di un simile atto è piuttosto alta: è uso comune infatti installare un server, anche su Internet, lasciando intatte le opzioni di default, di solito più consone ad una facile configurazione che non ad una stringente politica di sicurezza.

Tra le altre cose il sorgente conteneva anche un rimando ad un indirizzo IP "particolare", una sorta di "firma"; ad un successivo controllo potevo constatare la presenza di un vero e proprio "arsenale" di utilità dirette all'hacking ed al cracking, con tanto di articoli descrittivi sull'uso.

La grande fortuna è che la maggior parte dei novizi è talmente presa dalla facilità di entrare all'interno di macchine altrui, da non leggere gli avvertimenti, i manuali, le news e tutto ciò che occorrerebbe per eseguire un "lavoretto pulito". Spesso inoltre vi è l'usanza di tramandarsi oralmente i metodi di installazione ed uso dei programmi in oggetto, e questo rende più semplice la vita a chi si occupa di sicurezza.

Mi è stato raccontato un grazioso aneddoto al riguardo: siamo nel laboratorio informatico di un Ateneo nazionale; un ragazzo del primo o secondo anno chiama il proprio tutore lamentandosi che "il compilatore C non funziona". Il tutore si avvicina, getta un'occhiata distratta al codice da compilare, poi come fulminato torna a guardare più attentamente: il codice che "non compilava" creava una shell nascosta dalla quale poter richiamare indisturbati tutti i programmi a disposizione sul server con il massimo dei privilegi. Fortunatamente il ragazzo non aveva le capacità di rendere operativo il programma, e l'Ateneo in questione aveva comunque una serie di sistemi di sicurezza che ne avrebbero inficiato le velleità; lascia tuttavia da pensare il modo assolutamente privo di controllo con il quale sia possibile accedere a simili fonti di dati. Sicurezza quindi non significa necessariamente tranquillità sull'intangibilità dei propri dati e l'inaccessibilità delle proprie macchine, quanto piuttosto coscienza dei rischi e controllo continuo. Come è inutile avere una routine per il backup dei dati che non venga controllata costantemente (il rischio è quello di perdere i vecchi backup sovrascrivendoli con i dati errati modificati dopo un attacco), così appare ingiustificata la tranquillità di fronte ad un sistema la cui sicurezza sia stata testata, poiché è sempre possibile che nuove tecnologie intrusive si presentino all'orizzonte.

Poscritto

Bruce Schneier era solito ripetere che esistono solo due tipi di sistemi di cifratura: quello che ti permette di nascondere I tuoi dati alla sorellina di cinque anni, e quello che permettere di garantirti la privacy nei confronti del Governo. Le ultime notizie relative a Wikileaks ed NSA ci fanno capire quale tipo di cifratura per la sicurezza stiamo oggi utilizzando.

Certo, la cifratura non è tutto: esistono sistemi di firma digitale, certificati elettronici, procedure e processi legati alla sicurezza aziendale, infrastrutture tecnologiche, abstraction layers... e post-it.

In questi casi il livello di sicurezza di un sistema è comparabile a quello del suo anello più debole; purtroppo non è raro imbattersi in casi di utenti che utilizzano post-it in bella mostra per "ricordare" le password di accesso ai vari livelli, o che evitano di monitorare il sistema telefonico dal quale un qualsiasi malintenzionato dotato di PC portatile e modem potrebbe accedere all'interno della intranet aziendale.

E' stato più volte indicato come nella maggior parte dei casi la violazione di archivi sensibili sia operata da personale interno all'azienda, ma ciò lungi dal giustificare l'abbassamento delle difese, dovrebbe invece portare a pensare ad una riprogettazione non tanto dell'infrastruttura tecnica, quanto di quella procedurale di controllo. Ma qui ci si scontra nuovamente con la burocrazia: le procedure per la valutazione dei rischi informatici (e non) in azienda è stata raccolta all'interno della normativa ISO 27000; per ottenere una certificazione ISO 27000 l'azienda deve in genere sostenere tutta una serie di modifiche strutturali, ambientali, normative, comportamentali, giuridiche e processuali, ed accettare controlli periodici ed a campione sull'applicazione della normativa. Una notevole spesa da considerarsi investimento a lungo termine, in quanto le procedure specificano persino i moduli per il rilascio delle consegne in caso di fine rapporto di lavoro o subentro di altro responsabile della sicurezza.

Questo procedimento, seppur economicamente e logisticamente pesante, dovrebbe essere ben visto nell'ottica futura di una maggiore sicurezza globale dell'azienda, tuttavia... Cosa accade quando un'azienda certificata ISO 9000 fallisce un controllo a campione? E' semplice: viene redarguita dall'Autorità di Controllo e le si impone di riallinearsi entro I successivi tre mesi, pena la scadenza della certificazione. Se però tale percorso potrebbe essere giustificabile nel caso della normativa ISO 9000 sulla Qualità, nel caso della normativa ISO 27000 ciò equivarrebbe all'annunciare che "l'azienda XYZ non risulta allineata con le politiche di sicurezza: potete bombardarla", o al nascondere tale mancanza in attesa di un riallineamento. Ma questa è la conferma che la normativa ha un aspetto meramente burocratico, a nulla valendo le violazioni ad essa dal punto di vista della sicurezza aziendale...

XXVIII. Se, telefonando...

Una notizia diffusa dalla CNN ha fatto il giro del mondo, sbarcando infine in Italia.

Ci fu un tempo nel quale il computer era considerato un mero strumento di calcolo, e veniva utilizzato al più come sistema di controllo per le reti telematiche: "Real men don't use GUIs" era il detto che risuonava nelle aule di Berkeley quando venne rilasciato il sistema operativo per programmatori. In altri termini, un programmatore con gli attributi era in grado di leggere le prestazioni della propria macchina semplicemente interpretandone i codici di ritorno ed i valori di funzionamento; la grafica era un inutile spreco di CPU (e di banda trasmissiva). Ovviamente i programmatori-venditori di IBM non se lo fecero ripetere due volte, rimanendo saldamente ancorati al TSO (un monitor a caratteri) per il controllo delle code di uscita e dei valori di funzionamento dei programmi.

Lasciar libero il bambino che è in noi?

Successivamente alle ricerche della Xerox a Palo Alto, venne rilasciata la prima interfaccia grafica, immediatamente utilizzata da Apple per l'ambiente MAC. Da allora la storia è tristemente nota: valanghe di grafica spesso inutile e pesante per rendere il computer più simile ad un giocattolo; richiesta di risorse sia in termini di processore che di velocità di trasmissione per consentire al Web di lavorare alla metà della efficienza già permessa dai terminali a carattere. Per cosa? Probabilmente per togliere il "Computer" dallo scaffale dello specialista e poggiarlo sulla scrivania dell'utente medio.

Massima semplicità, incapsulando le operazioni mnemoniche e ripetitive in semplici gesti tra finestre sullo schermo, con il doppio fine di agevolare l'operatore e nascondergli i problemi. Purtroppo sembra tutto così facile che quando qualcosa non va per il verso giusto l'utente dà la colpa a sé stesso, ma per il non aver compiuto il gesto giusto, non per non aver imparato cosa stava per compiere.

Elogio dell'Imperfezione

Ho letto poco tempo addietro una notizia della CNN: iniziano a diffondersi i primi virus che attaccano i telefoni cellulari. Centomila chiamate al pronto intervento in Giappone per uno script lanciato in automatico su di un sito predisposto (con tanto di specchietti per allodole) all'accedere di un telefono generico con protocollo wap; messaggi che bloccano il terminale ed obbligano un reset del sistema di messaggistica da parte del provider telefonico, persino messaggi che portano a visitare siti "particolari", che registrano payload sino a 20 euro sulla carta telefonica dell'ignaro ed incauto chiamante. Servizi "a valore aggiunto" non sempre gradito, ma che in mancanza di legislazione adeguata impongono la massima cautela.

Vico, corsi e ricorsi

Se tutta questa storia non vi appare del tutto nuova, è forse il caso di fermarsi un istante a riflettere. Riflettere ad esempio su come mai a dar notizia dei nuovi virus su palmari e terminali telefonici siano quasi sempre centri di distribuzione di software antivirus, che concludono il messaggio con un "state comunque tranquilli, NOI abbiamo già pronto l'antivirus!". Riflettere sulle motivazioni che spingono l'individuo a far uso di tecnologie che non solo non capisce, ma si rifiuta categoricamente di capire. Riflettere sulla effettiva utilità di utilizzare l'utente ignaro come cavia per esperimenti di ingegneria cyborg.

E soprattutto, riflettere sul proprio stato mentale. Talvolta fa bene fermarsi un istante per chiedersi il perché di ciò che si sta facendo.

Poscritto

No, in realtà non sono così paranoico.

I centri di sicurezza antivirus hanno il loro bel daffare nel cercare di tener dietro alle decine (non sono di più, oggi) di virus writer. La questione è un'altra: utilizzare gli oggetti senza capire come e perché essi funzionino non è una politica pagante. Non sto affermando che per guidare un'auto sia necessario conoscere approfonditamente il rapporto energetico dello scambio termodinamico, ma è comodo sapere che, ad intervalli regolari, occorre verificare il livello dell'olio. O che la vettura abbia tre cilindri, specie quando il meccanico vuol farti pagare quattro candele nuove (mi è successo).

I nostri genitori ci insegnavano a non inserire le dita nella presa di corrente, a non avvicinarci alle fiamme libere, a non immergere le mani nell'acqua bollente: oggi nessuno avverte gli utilizzatori di computer e smartphone su quali siano I rischi insiti in comportamenti potenzialmente pericolosi.

Tale mancanza di comunicazione, unita alla scarsa cultura del mezzo informatico ed alla noncuranza con la quale si trattano questi oggetti del desiderio, sono le principali cause del proliferare degli attacchi alla privacy ed alle risorse sulla Rete.

XXIX. Netiquette e dintorni

Buona educazione, ma soprattutto senso pratico

È di questi giorni la notizia che il vocabolario italiano si è arricchito di almeno 5.000 nuovi vocaboli, per la maggior parte neologismi, tecnicismi e barbarismi al rovescio. Termini come "chattare" e "resettare" sono oramai irrimediabilmente entrati a far parte del nostro già ponderoso lessico familiare. Con ogni probabilità (non ho l'elenco a portata di mano) anche il termine "netiquette" è stato inserito tra i nuovi 5.000 vocaboli italiani o italianizzati: tuttavia l'accezione completa di quest'ultimo termine è ben più vasta di quanto normalmente si sia portati a credere.

Vediamo qualche esempio.

Chiedere è dovere, rispondere è cortesia.

Esistono delle forme non scritte di comportamento, nella vita come in rete, basate sull'uso e sulla gestibilità da parte della massa: le norme di buon vicinato, ad esempio, le regole sul fumo passivo, l'accoglienza dei turisti stranieri nel nostro meraviglioso paese.

Avrete sicuramente notato come uno straniero giunto in visita al nostro patrimonio culturale tenda ad esprimersi quasi sempre nella propria lingua d'origine, o al massimo in inglese, lasciando alle innate capacità espressive italiche l'onere di una traduzione il più delle volte un po' alla buona, ma in ogni caso sempre efficace. Vi sarà rimasto altrettanto impresso il comportamento dei medesimi stranieri qualora aveste deciso di restituire loro la visita: a meno di esprimersi nel loro idioma natale, e senza alcuna concessione a frivolezze o italianismi, non c'è verso di farsi capire: da noi si pretende la conoscenza di una qualsiasi (e quindi di tutte) le lingue dei paesi visitati, ivi compreso l'ugro-finnico, il malese inferiore o l'hindi.

Riflessioni in esperanto

Tutto ciò potrà a prima vista apparire quantomeno indisponente: diamine, noi si cerca di favorire il turista, e di rimando si viene bistrattati linguisticamente?

Ad una più attenta analisi, tuttavia, sorge spontanea una domanda.

Quanti di voi usano Windows? Bene, secondo le statistiche (da prendere con le molle, in quanto i numeri dicono la verità, ma i bugiardi usano i numeri) più di ottanta persone su cento utilizzano con soddisfazione quel meraviglioso sistema operativo. Tant'è vero che ogniqualvolta io chieda a Tizio o Caio un appunto, un foglio con informazioni, quattro calcoli o altre amenità consimili, mi veda giungere in mailbox un allegato in formato ".DOC" che nella migliore delle ipotesi supera i 32 KB, se invece contiene diverse revisioni e modifiche successive supera tranquillamente i 100 KB. Ora, potrò apparire schizzinoso, magari snob, però io solitamente non uso Word, tanto per i problemi anzidetti di crescita esponenziale del documento (effetto Blob) quanto per più sottili ma ben più importanti istanze legate alla sicurezza dei documenti (ad esempio, non voglio che chi legge il mio articolo veda nella history che in un momento di raptus ho mandato a quel paese per iscritto il presidente della società per la quale sto componendo l'articolo).

Open Source Thinking

Per non parlare di comodità nell'utilizzare un formato standard come il plain text o al massimo il Rich Text Format, leggibile su tutte le piattaforme senza l'ausilio di complessi, sofisticati, costosi e spesso inutili prodotti commerciali. Volevo implementare una rete basata su client e server (12 macchine) sotto Linux per un'agenzia di viaggi, ma la dirigenza mi ha bocciato il progetto in quanto "le altre agenzie avrebbero continuato ad usare software proprietario per produrre documenti di interscambio, prospetti e preventivi, ed i loro dipendenti non dovevano essere sottoposti ad un lavoro di traduzione extra per colpa di un visionario degli standard aperti".

Ma non si era detto che imporre il proprio "linguaggio" agli altri era scorretto?

Poscritto

Il concetto espresso per Word vale per innumerevoli altri aspetti dell'interscambio digitale, dai formati grafici alle macro malamente tradotte, dalle revisioni dei documenti PDF ai codec per la lettura di filmati.

Se allora era valido il discorso di netiquette, oggi siamo più prosaicamente costretti ad improvvisare a causa dell'utilizzo di standard de facto imposti dai produttori, dalla lasca interpretazione delle specifiche descrittive relative ai protocolli di codifica, dalle frivolezze offerte dai programmi di visualizzazione meno standard.

Purtroppo oggi non è consentito (né tantomeno concepibile) richiedere il riallineamento stringente degli standard; ciò che tuttavia è possibile perseguire resta la scelta del prodotto che, a parità di funzioni utilizzate realmente (in genere meno del 15% dell'intero arsenale disponibile) risulti più leggero, veloce e parco nell'utilizzo del processore. Basta con prodotti di posta elettronica "che possono inserire le faccine a comando", basta con I correttori automatici di linguaggio che, sbagliando nell'interpretazione 9 volte su 10, appesantiscono inutilmente il sistema sul quale girano e provocano perdite di tempo maggiori, basta con programmi di grafica da 100 MB per "correggere gli occhi rossi sulle foto": io non scelgo una lavatrice in funzione del colore del suo cestello interno...

XXX. Lettere... di fuoco!

L'America, quella vera, è solo in Italia...

Un articolo letto qualche tempo fa sul Washington Post mi ha dato parecchio da riflettere.

Una notissima società leader nel settore della IT, la Computer Associates, ha licenziato in tronco dieci propri dipendenti con l'accusa di aver trasmesso, complici le festività natalizie, messaggi di posta elettronica a contenuto sessualmente esplicito all'interno dell'azienda.

Ad una impiegata è stato ritirato il badge di accesso ed è stato negato persino di poter visionare l'oggetto del reato come contraddittorio, obbligandola a lasciare l'azienda seduta stante. La laconica spiegazione di un portavoce non ufficiale: "L'utilizzo dei sistemi di posta elettronica aziendale per consegnare oggetti contenenti scene di sesso esplicito è un comportamento contrario alla politica aziendale, oltreché immorale". E così, dopo la Gran Bretagna e l'Australia, anche negli States giunge lo spauracchio del licenziamento per cause legate alla posta elettronica.

Sebbene la risorsa aziendale possa essere utilizzata talvolta per fini privati (come accade con il telefono), tuttavia si rischia un controllo che, come si è visto, permette sovente di sconfinare nella violazione dei diritti personali.

Il mio primo pensiero è andato alle decine di migliaia di messaggi simili che quotidianamente circolano negli uffici della nostra bistrattata Nazione, trasmessi ed inoltrati spesso in grappoli di diverse centinaia di kilobyte a spese della già collassata banda trasmissiva delle intranet aziendali. Ho pensato alla fatica necessaria ai rappresentanti sindacali per poter contrastare un uso "improprio" delle risorse relative ad Internet senza trovarsi di fronte ad armi a doppio taglio. Mi sono trovato a riflettere sulle possibili conseguenze relative all'applicazione di una norma di comportamento similare nel nostro Paese.

Quindi ho tirato un sospiro di sollievo.

Le ragioni per questo ottimismo sono molteplici, e sarà sufficiente enunciarne solo alcune; in primo luogo, siamo lo Stato che ha sostanzialmente inventato i servizi postali, e la cultura relativa alla protezione del segreto epistolare è talmente sentita che una sua eventuale violazione porterebbe automaticamente l'impiegato a non utilizzare più la posta elettronica nemmeno per le comunicazioni aziendali interne; in seconda battuta, occorrerebbe spiegare al system administrator che gli attachment delle e-mail incriminate non vanno conservati a proprio uso e consumo sul server centrale del sistema di produzione con la scusa di conservare prove; alcuni webmaster di blasonate società di telecomunicazione a livello nazionale proibiscono persino l'invio di e-mail con allegati eseguibili, a detta loro come sistema cautelativo, deterrente contro i virus.

Mi sono anche chiesto quanti dirigenti permetterebbero all'amministratore di sistema di ricercare un comportamento potenzialmente scorretto di un eventuale dipendente attraverso i file di log dei server senza temere una controdenuncia da parte di questi per visita di siti non conformi alle politiche aziendali di navigazione del web. Ho riflettuto sull'uso indiscriminato di carte di credito aziendali utilizzate nella maggior parte dei casi su connessioni non protette ed insicure per l'acquisto di beni e servizi non sempre coerenti con le necessità societarie. Ho provato a pensare alla perdita di credibilità di un'ipotetica azienda italiana che basasse le proprie politiche di assunzione e licenziamento sull'etica e sulla morale dei propri dipendenti e quadri.

E mi sono rilassato.

In fondo, a pensarci bene, con tutti i problemi che possiamo ritrovarci in Italia, siamo almeno liberi dall'ipocrisia di dover cercare di infangare l'altrui vita privata alla ricerca di una "giusta causa" per perseguire il nostro tornaconto personale.

Poscritto

E' andata bene. Mentre infatti si sono moltiplicate a dismisura le dichiarazioni relative alla politica aziendale ed al comportamento etico al suo interno, nulla o quasi è stato compiuto per avvicinare la politica di licenziamento di USA e GB.

Esisteva già allora il concetto di uso privato di un bene pubblico o appartenente all'azienda, ma si trattava e si tratta di un concetto in genere considerato non stringente. E poi, in un periodo di crisi I metodi per allontanare l'impiegato dal posto di lavoro sono molto meno arzigogolati...

XXXI. Caro amico, ti scrivo

Internet lenta: vediamo perché

Ci si lamenta sempre più spesso per la "lentezza di Internet", della banda passante sempre meno "passante", dei tempi da attendere nello scaricare le pagine dei nostri siti preferiti. Si tende spesso a dar la colpa al sempre maggiore affollamento della Rete: oggi un motore di ricerca che si rispetti riesce ad indicizzare miliardi e miliardi di pagine Web, ed a fornire indicazioni relative ad innumerevoli oggetti, azioni, notizie ed immagini presenti online. Ciò che invece si tende ad ignorare è che anche le tecnologie di accesso vengono modificate ed aggiornate prontamente: tanto per fare un paragone, 15 anni fa un modem viaggiava a 300 bit/ secondo; dieci anni fa si potevano raggiungere comunemente i 2.400 bit/ secondo con compressione e correzione d'errore hardware. Cinque anni fa si viaggiava tra 28.800 e 33.600 bit/secondo. Oggi con una connessione ADSL privata possiamo raggiungere i 384.000 bit/secondo. La velocità di trasmissione dei dati aumenta in misura di circa dieci volte ogni cinque anni, mille volte in 15 anni.

Facciamo due conti

Quindici anni fa avevamo circa mezzo milione di host connessi ad Internet. Si potrebbe obbiettare che la crescita degli utenti di Internet sia stata superiore al fattore 1000 visto prima, ed abbia superato il mezzo miliardo. Se anche questo fosse vero, tuttavia, la tecnologia ha avuto tutto il tempo per cercare di ottimizzare le risorse a disposizione: mentre dieci anni fa un backbone a 2 Mbps era sufficiente a servire le richieste di tutta la nazione, oggi abbiamo linee e hardware in grado di gestire flussi di traffico mille volte maggiori.

Perché, allora, viaggiare in Internet risulta così spesso deprimente?

Le ragioni fondamentali, a mio avviso, sono due: la scarsa attenzione dei gestori verso l'ottimizzazione delle risorse e la altrettanto scarsa attenzione dell'utente finale nei confronti dei diritti degli altri utenti di Internet. Analizziamo il secondo caso.

Qualità del Servizio? No, Qualità dell'utente

La seconda ragione della lentezza della connessione ad Internet risiede nella maleducazione dell'utente quadratico medio. Quindici anni or sono le richieste su Internet venivano lanciate in batch, con una serie di comandi contenuta in un e-mail inviato a Gopher od a Veronica; la risposta arrivava nelle ore successive sempre attraverso posta elettronica.

Il tutto rigorosamente in formato testo. Certo, era meno divertente, non c'erano colori, non c'erano animazioni. Però era estremamente rapido. Oggi, tra sfondi, immagini, filmati, script e stili, l'informazione richiesta è limitata ai minimi termini, circondata da un rumore di fondo inutile che ciascun browser interpreta a modo suo. Gli stessi messaggi di posta elettronica sono spesso duplicati in HTML, appesantiti da enormi immagini e sfondi multicolori solo per dire "Ciao". Tra file multimediali, immagini di sfondo, abbellimenti e tag HTML si calcola che venga occupato almeno un 60% della banda disponibile. Vale la pena, dunque, di lamentarsi per la lentezza di Internet, quando si è quasi sempre la causa indiretta di tale lentezza?

Poscritto

Anche in questo articolo si riconosce il dualismo, caratteristico di Internet, tra dati e informazioni.

Fermi restanti gli obblighi dello Stato a fornire una banda trasmissiva coerente con lo sviluppo del Paese, è opportuno interrogarsi sulle reali necessità di poter accedere alla Rete con velocità superiore al megabit per secondo: ai tempi delle telescriventi, la velocità trasmissiva massima era 110 bit/secondo, dal momento che nessun telegrafista era in grado di digitare più di tre tasti al secondo, e un tasto era codificato con 5 bit, ma il contenuto di un telegramma era informazione pura.

Oggi oltre il 60% della banda su Internet viene utilizzato per il file-sharing più o meno legale, e fortunatamente le aziende si sono decise a bloccare i protocolli peer-to-peer al loro interno. Il risultato netto è una fruibilità della rete interna ed esterna molto maggiore di dieci anni fa, a fronte di un aumento di banda passante irrisorio.

Ma il Progresso è in movimento continuo, ed i problemi riscontrati due lustri or sono su Internet li abbiamo oggi con gli smartphone...

XXXII. Ut unum sint

La voce che grida nel deserto vorrebbe essere ascoltata

Mi capita spesso, per lavoro e (soprattutto) per diletto, di frequentare forum legati alle tecnologie, alla sicurezza ed alla programmazione. È incredibile la messe di informazioni, novità, escamotage, trucchi ed anteprime che si riescono a carpire nei diversi messaggi, sia in chiaro che tra le righe; si ha spesso la possibilità di conoscere di persona (o, almeno, via e-mail) importanti professori universitari, fisici, progettisti ed ingegneri di grosso calibro, spesso a causa di inaspettate somiglianze nei passatempo personali: ultimamente ad esempio, ho iniziato una corrispondenza biunivoca con il prof. Roberto Vacca grazie ad una passione innata di entrambi nell'esplorare scenari futuribili di integrazione mondiale a livello tecnologico e sociale.

Ciò che più mi addolora, in questa globalizzazione telematica, è una piaga sperimentata sin dall'inizio della mia attività in rete, che lungi dall'essersi acquietata tende invece ad accrescersi, come sospinta dalla stessa legge di Moore, ed acquisire proporzioni che iniziano ad apparire preoccupanti. Si tratta della classica sindrome del "membro corto", in cui ciascuno dichiara di possedere il Sistema Informativo Ultimo superiore agli altri, a mio avviso più per cercare di convincere un sé stesso molto meno sicuro delle proprie scelte di quanto esteriormente appaia, che per reale certezza d'idee; così, nelle bacheche elettroniche dedicate all'hardware troviamo la polemica Intel contro AMD, su quelle dedicate ai sistemi operativi orde di seguaci di Linux e di Microsoft si affrontano all'arma bianca, con gli utenti del MAC che tirano bordate ora a destra ora a sinistra; non sono da meno i professionisti dei progetti distribuiti, ciascuno dei quali possiede in casa una "crunching farm" composta di svariate macchine per risalire le classifiche statistiche di operatività quotidiana e settimanale: non solo c'è chi dichiara che i cicli idle della propria CPU valgono più se devoluti a progetti matematici piuttosto che medici o astronomici, ma anche all'interno dello stesso progetto esiste una sorta di lotta intestina per dimostrare che il proprio team ha maggior potenza elaborativa degli altri, e per ciò stesso merita più potere decisionale nelle questioni relative alla configurazione dei server. Certo, parlare di guerre di religione in questo periodo potrebbe essere di cattivo auspicio...

Ma forse la domanda è posta in modo sbagliato: occorrerebbe chiedersi cosa effettivamente ci serva, e la risposta sarebbe incontrovertibilmente "calore umano".

Sempre più tempo sprecato dietro ad una ottimizzazione estrema del nostro adorato sistema tende a farci perdere di vista la realtà, ciò che davvero potrebbe esserci utile nella vita: la capacità di comunicare con gli altri anziché imporre decisioni prese più per fede politica che per reali necessità tecniche.

Potrà apparire assurdo, ma nell'era delle telecomunicazioni a banda larga l'Uomo sta conservando e paradossalmente approfondendo la propria incapacità di scambiare in modo pacifico e non aggressivo le proprie idee con il prossimo.

Poscritto

Il fenomeno descritto nel presente capitolo appare oggi ancor più importante a livello di social network.

Ho assistito alla distruzione di lunghe amicizie per colpa di un "mi piace" di troppo, di un commento non allineato, di una immagine in controtendenza.

Ma ad essere sincero, ciò che mi ha maggiormente (e favorevolmente) stupito è la presenza di persone intelligenti anche nei forum (fora?), persone in grado di parlarti ed ascoltarti anche se la pensi diversamente, individui capaci di mettersi in discussione in pubblico (oltreché in privato) a favore di una maggiore comprensione di un'idea. Il concetto attribuito a Voltaire secondo cui "non la penso come te, ma mi farei uccidere perché tu possa comunque esprimerti", seppur non dilagante, è tuttavia presente nei social media (e quindi nell'Uomo), e questo riconoscimento mi offre un minimo di ottimismo necessario per continuare a comportarsi così.

XXXIII. UCAS

La differenza tra il genio e l'idiota è che il genio sa quando deve fermarsi.

TCP/IP, GSM, GPS, EPROM, IPX, DNS... In questo mondo tecnologico asservito oramai agli acronimi, viene quasi spontaneo ricordare un giorno di un lontano passato, quando ancora prestavo servizio presso un ministero nazionale ed il computer era per la gente un mostro spaventoso dotato di probabile autocoscienza e volontà.

Mi occupavo di programmazione, è vero, ma era una programmazione completamente diversa da quella di oggi: si cercava di programmare le corse di collegamento di automezzi tra paesi diversi, la gestione delle risorse umane, lo smaltimento delle pratiche burocratiche; il caos regnava sovrano tra timbri e cartacce. D'un tratto una mattina la porta si aprì (era giorno di ricevimento del pubblico) ed entrò un omino minuto, calvo, con gli occhiali ed un cappello di una misura troppo grande per lui; appena entrato nella stanza si tolse il cappello e si guardò intorno circospetto, nel silenzio in cui erano piombati i miei sette colleghi di stanza. Poi, con una vocina acuta ed un poco roca, esclamò: "Chi è il responsabile di questo UCAS?". Il funzionario gli andò incontro minaccioso, chiedendogli con fare burbero:"Cosa vuol fare, prendere in giro? Questo è il ministero de..." Per nulla spaventato, il tipetto ribatte: "Ma quale ministero! Da quel che vedo questo dev'essere proprio l'UCAS, Ufficio Complicazioni Affari Semplici!"

Oggi l'anacronistico signore non potrebbe certo ripetere la sua affermazione: il mercato dell'ICT continua a fornire sempre nuovi strumenti per rendere più agevole e diretto il nostro lavoro. Abbiamo un telefono cellulare che, quando non produce incidenti in auto, ci permette di parlare con tutti coloro che non abbiamo interesse a sentire, nel momento meno opportuno, distogliendoci dalle inutili attività lavorative; abbiamo computer palmari utilizzati per portare in giro le foto a colori dell'ultima playmate quando non sono scarichi ed inutilizzabili proprio al momento in cui ci occorre quell'informazione particolare; abbiamo computer avanzatissimi che usiamo per cercare su Internet tutte le informazioni che se fossimo ordinati potremmo trovare su qualsiasi quotidiano senza consumare corrente; abbiamo auto intelligenti che ammutoliscono per ogni stupido guasto alla centralina elettronica; abbiamo sistemi di gestione online del conto bancario che si bloccano se non usiamo quel particolare browser in quella particolare versione; abbiamo canali satellitari che ci offrono una finestra su di un mondo oramai sempre più simile a se stesso da qualsiasi nazione lo si guardi; e ancora puntatori laser per conferenze e mouse senza fili per dirigenti, con le batterie perennemente scariche che richiedono l'intervento di squadre di tecnici specializzati, sistemi di produzione automatica del software che inseriscono automaticamente bachi e backdoor nei nostri programmi, reti con e senza fili prive delle più basilari norme di sicurezza... Forse la domanda sorge davvero spontanea: chi è il responsabile di questo UCAS?

Poscritto

La domanda finale appare retorica, ma non lo è. Se infatti è paradossalmente evidente la confusione imperante che abbassa la nostra efficienza, dare una risposta alla responsabilità della sua presenza non è banale.

Troppo facile addossare le responsabilità ad un non meglio specificato "sistema": ciò significherebbe non cercare una risposta, bensì un colpevole che ci consenta di giustificarci nel continuare a perseguire lo status quo.

Troppo riduttivo cercare il colpevole in noi stessi: di nuovo implicherebbe che la correzione dell'errore non possa dipendere esclusivamente dai singoli, e quindi giustificherebbe nuovamente lo stato attuale delle cose.

Troppo complottistico indicare nei produttori il desiderio di comandare attraverso la disgregazione: coloro che hanno studiato un po' di Storia sono al corrente che dopo la rivoluzione che segue una persecuzione, le prime teste a cadere (colpevoli o non colpevoli) sono quelle degli istigatori.

E allora, di chi è la colpa?

In realtà non sono sbagliate le risposte, è la domanda ad essere mal concepita: date un pesce al giorno ad un uomo, e lui lo cucinerà con voi; dategli una canna da pesca ed imparerà ad essere indipendente.

Le attività disordinate, la mancanza di ottimizzazione delle risorse, la scarsa efficienza sono, a livello aziendale e macroscopico, indici di un concetto di scarsa affiliazione, all'azienda per il lavoro, alla Nazione per la vita reale di tutti i giorni. Tutto qui...

XXXIV. Informatica affettiva

Assurdità matematiche e comportamentali

L'informatica è una scienza che va spesso a braccetto con la fantascienza.

Numerose sfide tecnologiche sono state lanciate e vinte attraverso la rappresentazione di simboli ed oggetti fantastici e successivamente prodotti in serie: uno per
tutti il comunicatore di Star Trek oggi comunemente implementato in modi simili
nell'onnipresente radiomobile da conversazione, familiarmente telefono cellulare.

A proposito di Star Trek, tuttavia, rimane sempre nella mente il tono da contralto
di Majel Barrett, moglie di Gene Roddenberry e voce del computer dell'astronave
Enterprise. Il suo tono da sempre morbido ed efficiente (Majel ebbe anche la
parte dell'infermiera nelle prime serie di Star Trek) appare tuttavia in stridente
contrasto quando annuncia mellifluamente "Dieci minuti all'autodistruzione". Allo
stesso modo, Mother, il computer dell'astronave di Alien, appare carezzevole come
solo una madre potrebbe essere anche quando a sua volta dichiara di non avere più
possibilità di bloccare il conto alla rovescia per l'annientamento della nave. Persino
il precursore dei computer vocali dalla voce calda del cinema di fantascienza, HAL
9000, viene dotato di un tono suadente ma estremamente freddo, tipica espressione
delle sue turbe paranoidi mostrate verso il termine di 2001: A space odissey.

Ma anche questo apparente contrasto voce-comportamento ha i giorni contati: pare
infatti che un gruppo di studiosi presso la facoltà di medicina dell'Università di
San Francisco abbiano raccolto oltre 100.000 espressioni estrapolate da altrettanti
volti umani, per tentare di separarli e ricollegarli in modo da rappresentare lo
stato d'animo dell'essere umano che interagisce con un computer. Non più un "Max
Headroom" computerizzato, quindi, bensì una sorta di database complessamente
interconnesso in grado di riconoscere e diagnosticare forme di iniziale stress e psicosi
dalle semplici espressioni somatiche dell'utente del PC.

Lo studio si basa su una iniziale analisi del comportamento degli animali domestici nei confronti dell'essere umano: questi sono infatti in grado di "assimilare" empaticamente lo stato d'animo del proprio padrone a partire dal tono della voce e dei movimenti. Tali movimenti sono stati analizzati a fondo come veicolo di empatia, per facilitare la scoperta di possibili patologie mentali sin dal loro primo apparire (schizofrenia, paranoia, ma anche solo scarsa autostima e complesso di inferiorità).

Le implicazioni di tale lavoro sono davvero notevoli: oltre alla telediagnosi di problemi psichici si va dalla possibilità di creare un piano di studi dedicato alle capacità di apprendimento dell'allievo nel settore dell'e-learning, a computer dotati della capacità di gestire sfondi in base allo stato d'animo dell'utente, a giocattoli che interagiscono con un bambino in base al suo livello di interesse.

E come in tutte le previsioni di futuro prossimo, anche qui incombe l'ombra del Grande Fratello: una macchina in grado di riconoscere lo stato d'ansia di un mentitore potrebbe essere utilizzata da imprenditori senza scrupoli per "forzare la mano" su dipendenti più deboli, per non parlare di eventuali e sempre possibili tentativi di lesione dell'altrui privacy.

Informatica affettiva: un settore della scienza dell'informazione, della medicina e della politica di cui sicuramente sentiremo parlare molto presto.

Speriamo in bene...

Poscritto

E' notizia di questi giorni quella di un cane che abbia preso in simpatia un robot specializzato nel fornire i biscottini a comando, sovvertendo i fautori del concetto di fedeltà del cane all'uomo e offrendo un valido esempio agli etologi dei paperi che seguono il primo oggetto nella loro visuale credendolo la madre (anche se si tratta di un barattolo appeso ad un filo).

Andiamoci piano con l'empatia: l'empatia è una cosa seria! Durante una mia visita al Mit ho potuto vedere di persona gli oggetti di cui parlo nell'articolo, e non mi sono apparsi così avanzati. Ho letto gli articoli che riportavano notizie sugli standisti virtuali giapponesi, sull'immagine dell'avatar acquisito dagli operatori di help desk, e l'Intelligenza Artificiale del film "Moon" con il suo smile contestuale al discorso in essere mi appariva più realistico.

E' corretto studiare la percezione degli stati d'animo umani a livello psicologico, neurologico, filosofico e scientifico, ma occorre poi che tali concetti superino le barriere delle università e vengano conosciute dagli esseri umani "generici". A cosa serve un computer in grado di simulare gli stati d'animo umani, quando spesso l'essere umano è incapace di leggerli?

Link utili

1. http://matematica.uni-bocconi.it/losapevateche/

XXXV. Elogio dell'imperfezione

Alla ricerca del significato e della sua rappresentazione

Mi è capitato recentemente di discutere con un collega attorno al senso ed al significato del progresso. In particolare, il mio interlocutore vantava gli aspetti innegabilmente positivi dell'avanzamento tecnologico del nostro pianeta, con la creazione di oggetti legati alla consumer electronics, e della rara maestria dimostrata dalle generazioni più giovani nel padroneggiarli. "Le macchine aiutano l'uomo" era il senso del suo discorso.

Sono pienamente d'accordo con lui per quanto riguarda l'utilizzo della tecnologia a favore del nostro benessere, tuttavia il problema non mi pareva ben posto, sembrava quasi che una nota stonata disturbasse l'armonia della sua esposizione; ho riflettuto un istante, poi ho chiesto come fosse possibile l'avanzamento tecnologico, ed ho trovato due risposte diametralmente opposte: da un lato troviamo folte schiere di specialisti "a delta di Dirac", con la massima conoscenza del proprio mestiere ed un livello pari a zero nelle altre materie, mentre dall'altro prendono posto i "pensatori", coloro che si domandano il significato delle novità e tentano di prevederne l'utilizzo. Con mia grande sorpresa ho notato che la rincorsa tecnologica ha oramai raggiunto un'inerzia tale da costringere gli specialisti ad un lavoro di rincorsa, debellando quasi completamente i pensatori.

Era già tutto previsto

Ma sino a che punto questo scenario corrisponde al vero?

Il pensiero corre agile alla Psicostoria di Asimov (nel ciclo della Fondazione), dove ad un Impero tecnologico ineluttabilmente diretto verso il collasso si oppone la

Fondazione, composta di matematici, psicologi e filosofi appartenenti al gruppo dei "pensatori": scopo della Fondazione è imporre di nascosto all'Impero una serie di cambiamenti storici radicali per renderne il collasso prossimo il più breve e meno dannoso possibile. Tale risultato però può essere perseguito solamente mantenendo nascosta all'opinione pubblica l'esistenza stessa della Fondazione, per evitare che la gente si senta manipolata e privata del proprio libero arbitrio. Nulla, poi, nell'ambito del paesaggio descritto dal buon dottore, impediva il crearsi di una nuova Fondazione che gestisse i passi dell'originale, riducendo tutto il progresso ad un infinito gioco di specchi.

Il rischio insito nella rincorsa precipitosa del progresso è rappresentato dalla mancanza di tempo per imparare a pensare, a riflettere: quante volte infatti ci è capitato di dover agire in regime di tempo limitato, senza poter analizzare a fondo le ragioni di una nostra scelta? Sempre più spesso ci rendiamo conto di dover imparare il "come" senza poter analizzare il "perché"; a lungo andare i comportamenti assumono lo status di abitudine, e nessuno si ferma più a riflettere sul senso reale delle azioni compiute. È necessario fermarsi, o almeno rallentare un istante, e tornare a porsi le domande "giuste". Questa è stata la mia risposta al collega "tecnofilo": non tanto per una questione etica, quanto per riscoprire la passione di imparare, la capacità di meravigliarci di fronte ai "miracoli", siano essi tecnologici, naturali od emotivi. Riscoprire la gioia di saper e voler imparare, usando pensiero laterale e libero arbitrio, non significa ricordare quale sequenza di tasti da premere o di parole chiave inserire all'interno di un listato: riflettere, osservare e decidere vanno scelte in questa sequenza, non nel senso opposto.

Piccolo esercizio pratico

Mi rendo conto che una simile prospettiva presupponga la necessità di "reimparare", di ricomporre il ruolo di osservatore-attore all'interno della scena come interprete attivo e non passivo del processo di analisi e selezione, ma nutro enorme fiducia nell'insita capacità del nostro cervello di autoconfigurarsi alle nuove situazioni attivando magari pattern cognitivi adattivi in modo del tutto trasparente: il nostro ragionamento, infatti, al contrario degli schemi logici classici, è perfettamente in grado di concepire sistemi assiomatici ipergeometrici, di gestire strani anelli senza per questo cadere nell'apparente fallace caratteristica dal teorema di Gödel. Tale pratica non implica infatti che il ragionamento sia errato, bensì che l'individuo sia in grado di trarre informazioni anche da una base di dati apparentemente insufficiente.

Spesso ci si trova a dover decidere se portare l'ombrello con sé prima di uscire, ma non esiste ancora una tecnologia in grado di affermare con il cento per cento di certezza se durante il giorno pioverà o meno; ciò non significa che si rinunci ad uscire bloccati in una posizione di stallo logico. Talvolta, quando si ricerca un nuovo impiegato o si tenta di far breccia nel cuore di una persona ci si appella all'empatia più che al calcolo. L'empatia è uno di quei meccanismi psicologici che difficilmente la tecnologia riuscirà a riprodurre, dal momento che si basa sull'assonanza di percezioni psichiche fondate sulla propria esperienza. Hanno avuto un bel da fare i riduzionisti nel tentare di rintracciare nel cervello i meccanismi che presiedono a tale importantissimo fattore del comportamento umano, e la spiegazione olistica (dove il tutto è maggiore della somma delle sue parti) appare poco convincente, quasi semplicistica. Tuttavia la conquista di tale consapevolezza tipicamente umana richiede un cammino lungo e spesso faticoso, che passa per l'accettazione dell'Io, della riconquista della propria carica di autostima e del coraggio di dire "no" al pensiero corrente, valutando con misura Hegeliana la situazione attraverso un cammino di analisi e sintesi.

La creazione della nuova tecnologia non può assolutamente prescindere dalla nascita dell'uomo nuovo, che riconquista la propria individualità e reagisce in modo coerente e ragionato alle dissonanze dell'ambiente nel quale si trova ad esistere.

L'uomo nuovo nell'Information Technology

Occorre a questo punto precisare che l'uomo nuovo al quale mi riferisco non si identifica con l'ideale Nietschiano, brutalmente strumentalizzato dalle correnti sociali successive, né con il rappresentante cartesiano del "Penso dunque sono": entrambe queste personalità risultano infatti carenti di una parte fondamentale del carattere: il primo tende a rinnegare l'esperienza, mentre il secondo ignora il gruppo.

Ironicamente l'avversione per l'(altrui) esperienza e lo spregio nei confronti della presenza e della fatica del prossimo sono caratteristiche quasi costanti nell'attuale mercato IT: ecco che come d'incanto una serie di paragrafi apparentemente privi di nesso con la Scienza delle Informazioni prendono il proprio posto nell'affresco del presente, dimostrando una volta in più (se mai e ne fosse stato bisogno) l'importanza del pensiero laterale, della cultura a 360 gradi, della capacità di riflettere percorrendo anche traiettorie iperboliche; e soprattutto riscoprendo dopo la scuola socratica la capacità pedagogica ed epistemologica dell'ironia.

Raramente ci si chiede quale sia la caratteristica esplosiva che porta al successo una gag umoristica: nella maggior parte dei casi la ragione scatenante dell'ilarità generale è la presentazione di una frase all'interno di un contesto che non le è consono. Ora, la contestualizzazione semantica di una frase è uno dei più importanti problemi irrisolti studiati dalla branca dell'IT nota come Intelligenza Artificiale: è naturale che per comprendere completamente il senso del termine "contestuale" occorra avere un riferimento ed una presenza attivi all'interno di esso, ma di nuovo a questo punto ci troviamo in uno strano anello logico: come possiamo definire il termine "contesto" vivendo ed essendo parte del contesto stesso, senza però scadere nella tautologia?

Chi di voi ha seguito i telefilm della serie "Star Trek: the next generation" riconoscerà immediatamente in tale situazione un disperato Data, l'androide che desidera sentirsi umano (quanti di voi ha notato, seppure inconsciamente, che Data è la trasposizione psicologica moderna dell'Uomo di Latta che appare nel Mago di Oz?). Il personaggio di Data ci appare sovente goffo ed impacciato nel tentativo di riprodurre comportamenti emotivi per noi all'ordine del giorno, ma per lui, decontestualizzato in quanto privo della capacità umana di "godere" la vita, assolutamente oscuri nel significato. Come un animale ammaestrato ci appare divertente nel riprodurre le azioni insegnategli, così vediamo nell'androide una sorta di artefatto manuale che gioca (non sempre con successo) il "gioco dell'imitazione" di Turing.

Conclusioni

Appare evidente, a questo punto, quale possa essere risultata la mia risposta al collega tecnofilo: il progresso e la tecnologia non sono due entità semplicemente distinte, sono entità strettamente collegate da un rapporto a doppio filo di causa ed effetto. Per quanto strano possa apparire in prima battuta, infatti, a mio parere non può esistere tecnologia senza progresso, mentre il viceversa è assolutamente possibile. In più, una tecnologia che mantenga la riflessione e la saggezza relegate altrove è destinata invariabilmente a soccombere, schiacciata dal proprio stesso peso.

Nel XV secolo la gente riparava da sola tutti i propri attrezzi, oggi ciascun attrezzo viene riparato solo da una categoria di persone, spesso incapace ad agire su altri. Una volta mancavano i mezzi, ma si aguzzava l'ingegno, oggi l'eccesso di mezzi uccide l'ingegno. Ritengo che in entrambi i casi ci si trovi di fronte a situazioni patologiche.

La differenza sostanziale giace nel fatto che allora l'individuo non aveva i mezzi per conoscere il proprio errore, mentre oggi l'errore viene inesorabilmente nascosto sotto cumuli di dati privi di senso compiuto. E qualora il programmatore di turno viene obbligato a ritrovare il bandolo di una matassa colossale, senza potervi umanamente riuscire, viene colpevolizzato come causa dei principali problemi dell'informatica. Perché?

Poscritto

L'ultimo angosciato interrogativo presentato nell'ultima pagina dell'ultimo capitolo del libro risuona, ove più ove meno, in ciascuna delle pagine precedenti, ricucendo concetti sovente differenti ed estranei come un monile alieno e pur tuttavia attraente.

C'è chi leggerà questi articoli nella convinzione che l'Autore abbia alla fine perduto la propria baldanza, il proprio orgoglio di Homo Informaticus, quasi schiacciato dalla pesante ed inconsistente realtà della vita di tutti I giorni: niente di più falso!

Come una dolorosa e necessaria discesa negli inferi permise a Dante una purificazione dei concetti e dei comportamenti in previsione dell'ascesa alla beatifica visione del Paradiso, così l'aver vissuto in prima persona e sopportato sulla mia pelle lo status mutevole di informatico ha rafforzato le mie convinzioni, il mio modo di percepire la realtà e di "conoscere" l'uomo e la scienza, convincendomi nuovamente (non di nuovo, bensì in modo nuovo) a credere di poter ancora fare la differenza.

Parafrasando JFK, procederò come sempre "non perché sia più facile, ma perché sarà più difficile", quindi darà maggior senso alla riuscita. Perché la logica è corretta anche se i presupposti non lo sono.

Perché sono ciò in cui credo.

www.ingramcontent.com/pod-product-compliance
Lightning Source LLC
Chambersburg PA
CBHW071127050326
40690CB00008B/1370